X-Tech ビジネス大全

既存産業×デジタルが
最適化社会を切り拓く

岩本 隆
×
加賀裕也

みらい
PUBLISHING

はじめに　X-Techがすべての業界に劇的な変化をもたらす

AIは私たちの身近なところにあふれている

人類の歴史をひもといてみると、技術が産業を変え、産業が社会を変えるという「産業革命」を繰り返してきました。そして現在、世界は「第四次産業革命」の真っただ中にあります。ただし、そのことに気がついていない人が多いのが現実かもしれません。

第四次産業革命とは「ダボス会議」で知られる世界経済フォーラムが定義した概念です。データを集めて分析し、それに価値を付加して社会に還元することで、あらゆる産業や業界が変革していくことを表しています。

それを実現するための技術要素のキーワードが、ＡＩ（人工知能）やＩｏＴ（モノのインターネット）、５Ｇやロボティクス、ドローンなどになります。

もっとも、それぞれの技術自体は実は難しいものではなく、以前から存在していました。それらが半導体技術、通信技術、コンピューティング技術の進歩によりコストが下がり、使いやすさや利用しやすさが向上したことで実用化が急速に進み、さまざまなテクノロジーが現在進行系で進化しているのが第四次産業革命なのです。

このように説明しても、なにか難しいもののように感じるかもしれません。

また、皆さんに「ビジネスでＡＩやＩｏＴを使っていますか？」と尋ねると、「Ｎｏ」と答えられる方が多くいます。あるいは「消費者としてＡＩを使っていますか？」と尋ねても「Ｎｏ」と答える方がほとんどかもしれません。

しかし現実には、皆さんは日常生活の中で、すでにたくさんのＡＩに触れています。例えばGoogleの検索、Amazonの商品のレコメンド（購入履歴などをもとに、おすすめの商品を提案してくれる機能）、Netflixのおすすめドラマのレコメンド、iPhoneの音声アシスタントのSiri、お掃除ロボットのルンバなどです。これらにはすべてＡＩが活用されており、消費者として毎日のように触れているのです。

第四次産業革命では、ＡＩやＩｏＴなどのテクノロジーが身近な存在になり、簡単に使えるようになったことも大きなポイントとなります。その点から「テクノロジーの民主化」「誰でもＡＩ」と言われることもあります。

その結果、皆さんが既存のビジネスをＡＩやＩｏＴを使って変革しようと考えたとき、実は、そのハードルは予想以上に低かったりします。そのことに、まだ気がついていないだけなのです。

さまざまな業界に登場している「X-Tech」

現在進行中の第四次産業革命により新たなビジネスが次々に生まれていて、それらは「X-Tech《エックス・テック》」と呼ばれています。

X-Techとは、既存の産業に最新のテクノロジーを組み合わせて新しい価値を提供する製品やサービスのことで、「〇〇×Tech」という名称の総称です。リアルとデジタルが融合した新しいビジネス領域のことだと考えてください。

すでに刊行されている関連書籍や、インターネット検索などでは「クロステック」とも呼称されますが、本書では「エックス・テック」として話を進めていきます。

例えば、FinTechはFinance（金融）×Technology（技術）という2つのキーワードを合わせた造語です。他にも、AdTech（広告）、MarTech（マーケティング）、Ed-

Tech（教育）、AgriTech（農業）、MediTech（医療）、HRTech（人材）、RETech（不動産）など、さまざまな産業や業種で「〇〇 Tech」という造語が生まれ、今後の産業界に劇的な変化をもたらす起爆剤として大きな注目を集めています。

X-Tech の特徴としては、物理的な空間からデータを大量に集めて分析し、ビジネスを効率化したり、新たな価値を付加したりすることになります。すでに多くの企業が、いろいろな形で X-Tech を事業化しています。

X-Tech はさまざまな業界や産業で登場していますが、大きく「生活が変わる」「会社が変わる」「人間が変わる」の3つに分類することができるでしょう。

「生活が変わる」とは、例えば FinTech によりスマホ決済などで現金を使わずに支払いができるようになり、日常生活が変わりつつあります。また、近い将来 AutoTech による車の自動運転が実現すれば、大きな社会問題となっている高齢者の運転問題の解決につながります。

「会社が変わる」とは、例えば HRTech ではクラウドやビッグデータ解析、ＡＩなどの最先端技術を使って、採用・育成・評価・最適配置などの業務を行い、人事関連の最適解を導くサービスの提供が始まっています。また、LogiTech では原料調達から生産・

販売にいたる物流や、それを管理する過程でテクノロジーを活用して、より効率的なビジネス展開が可能となります。

「人間が変わる」とは、例えばSleepTechでは睡眠センサーの活用により睡眠の質を改善し、さらには生活習慣改善の提案まで行うサービスが登場しています。TransTechでは人間の能力の拡張につながるテクノロジーが開発され、潜在能力の開発だけでなく、心理的な幸福を得ることも目的としています。

２０１０年代後半は、ＧＡＦＡの時代でした。検索、ＥＣ、ＳＮＳ、スマホ（スマートフォン）というＧＡＦＡが新しく生み出したインターネットを活用した商品・サービスが、社会生活を便利で効率的に、より多様にする形で発展させました。

また、経済面では単なる売上高だけでなく、株式の時価総額として数十兆円〜百兆円の新たな富を生み出しました。このことは、20世紀後半の日本の製造業が世界を席巻した時代から見て、日本を大きく立ち遅れさせてしまいました。

しかし、第四次産業革命を迎えて、サイバーと物理空間の双方をつなぐことが重要になっていくと、センサーなど物理情報の収集や自動車などの人の命に係わるモノづくりといった日本の強みがまた生きてくる可能性があります。

そして何より、第四次産業革命を通じて実現を目指していくべきSociety 5.0社会の在り方は、「三方よし」と言われる日本独特の考え方、つまり「経済取引の当事者が社会全体の利益・幸福を考えるべき」という考え方に根差しており、利益一辺倒になりがちで、その欲が引き起こしたリーマンショックなどのバブル崩壊や社会の分断などを引き起こしたGAFA時代を超えた、より良い時代に寄与するはずです。

その際に、複数のテクノロジーと産業を組み合わせて新たな価値を創出するX-Techは、その変革を誰もが引き起こせるものであり、非常に重要になっていきます。

本書では、日々進化するX-Techの最新情報だけでなく、現在、世界が直面している社会的課題の解決にX-Techが大いに役立つことも紹介していきます。

ビジネスは、もはや自社が持つリソース（人・モノ・技術）だけでは社会の変化への対応が難しくなっています。同業者や異業種との連携も含めて、新たな分野への進出も迫られる企業も多いはずです。

X-Techの活用では、既存の技術や既存の業界にとらわれることなく、外部リソースや多数の関係者も巻きこんでビジネスを展開していくことがポイントとなります。

X-Techはあらゆる業界に劇的な変化をもたらす可能性を秘めています。本書でその最前線に触れ、皆さんのビジネスを成長させるヒントとなることを願っています。

序章　高校野球に見る「テクノロジーの民主化」

第1章　今、テクノロジーの進化で社会が大きく変わり始めた！

第4章 X-Techで「会社」が変わる

第5章 X-Techで「人間」が変わる

第6章

世界はリアルタイム化が進む産業革命の真っただ中にある

序章

高校野球に見る
「テクノロジーの民主化」

加速する
人の生体データの収集

ＩＣＴ（Information and Communication Technology／情報通信技術）やＡＩのテクノロジーを代表する存在として、GoogleやApple、Facebook、Amazonを総称したＧＡＦＡが注目を集めています。しかし、現在進行形で進化しているX-Techでは、ネットを経由するテクノロジーだけではなく、ハードウェアとの連携を重視したものも多くなってきています。

ここでいうハードウェアには、「モノ」というハードウェアと「生き物」や生き物の一種である「人」というハードウェアがあります。

つまり、X-Techにより人の行動もどんどんデータ化されてきているのです。

ＩｏＴはモノとインターネットの連携ですが、現在はモノだけではなく、ＩｏＨが続々と登場しています。ＨとはHuman＝人です。人に関するテクノロジーがものすごい勢いで増えているのです。

その背景には、人の行動データだけでなく、生体データや脳神経に関するデータなどの収集が簡単になってきていることがあります。血圧のデータをリアルタイムで取ったり、睡眠などのデータの採取も盛んに行われるようになっています。

履正社の優勝を支えた遺伝子検査

2019年の夏の甲子園大会は、大阪代表の履正社が優勝しました。

履正社はすべての選手の遺伝子を検査して、一人ひとりの選手のどこを鍛えればいいのかを割り出し、そこを重点的にトレーニングしたと聞いています。

履正社は、大会前に優勝候補にあげられた他の高校と比べると突出した選手はおらず、18歳以下の高校代表メンバーには一人も選ばれませんでした。それでもチームとして、甲子園で優勝することができたのです。

それは、遺伝子検査により理論的にトレーニングし、チームとして最大の力を発揮できるようにチームを作っていったからです。

そこには、以前は極めて高額であった遺伝子検査のコストが、高校野球のチームでも活用が可能な程度まで下がってきた現実があります。例えば、個人レベルの検査でも一人2万円くらいで可能になっています。

以前は資金が潤沢なプロスポーツでしか最新技術を用いてデータを取り入れることはできませんでしたが、今ではアマチュアの世界でも可能になりました。

遺伝子検査を行うと、極端なことを言えば何でもわかってしまいます。

メンタルとフィジカル、両面での活用が可能です。どこの筋肉を鍛えればいいのか、体のバランスがどうなっているのかなどは、唾液を少し取れば知ることができます。

遺伝子からはデータとして数百種類の項目を調べることができますが、その中から野球に関係するデータをピックアップしての活用も可能です。

ただし、遺伝子はどんどん変化し、1年経つと検査結果が変わったりします。人には、先天的なものと環境によって変わる部分があり、生まれたあとの行動で遺伝子は変わってきます。

人間は、行動と食べ物からできています。行動が変われば性格が変わりますし、食べるものが変われば、例えば「がんになりやすい」といった体質も変わってきます。

行動が変わると、その遺伝子も変わってくるのです。したがって、遺伝子検査によって

「自分がどう変わるべきか課題がわかる」というふうに前向きに捉えることもできます。履正社の例でいうと、自分の弱みを知ることによって、その部分を鍛えることが可能となります。あるいは強みを理解して、それを伸ばすことも可能になるのです。

一般的に遺伝子検査は「どのような病気になりやすいか」を知る方法として活用されています。

例えば、がんになりやすい体質かどうかもわかります。コストが下がったことによって、現在では病気だけではなく、いろいろな分野に活用されつつあるのです。データの分析は、データの分母が増えることによって正確性が増します。遺伝子検査も同様で、同じような遺伝子であっても分母が増えることで、その解釈が変わる可能性もあります。

遺伝子検査である反応を示している人たちは、例えば、「協調性が高い」という傾向があるとします。母数が増えることでそうした傾向に関して、より正確性が増すことになります。しかも、コストが下がることによって検査を受ける人が増え、さらに母数が増え、正確性が増すといった好循環が回り出すとより詳細な分析が可能になります。

ラグビーのワールドカップで披露された最新のテクノロジー

コストが下がっていることは、X-Tech に関するさまざまな分野で共通しています。携帯電話が世の中に誕生した頃はとても高額で、お金持ちしか持つことができませんでした。それが今では、子どもでも持つことが可能になっています。同じことがX-Tech に関するすべてのジャンルで進みつつあるのです。

そして、コストが下がることは、マーケットが広がることです。これが「テクノロジーの民主化」、あるいは「誰でもＡＩ」と言われる現状なのです。

データにさえできれば、モノや人に関するすべての分野で応用が可能になります。例えばLogiTech＝物流の分野では、倉庫で働く人にセンサーを取り付け、それを画像で解析するといったことが始まっています。人の動きもすべてデータ化されます。そのデータを分析し、業務改善のアドバイスが行われています。

以前は、経験と勘で「こうしたほうがいい」と業務改善のアドバイスが行われていました。しかし、そうした職人的な業務改善ではなく、すべてがデータ化されることで業務の課題が一目でわかるようになってきています。

2019年に日本で開催されたラグビーワールドカップでは、横浜国際総合競技場の試合中継で、キヤノンが実用化の段階に入った自由視点映像生成システムによる映像を提供しました。

これは、会場に設置された100台近い高解像度カメラをネットワークでつなぎ、同じタイミングで多方向から撮影します。そして、撮影された映像から高精細な3D空間データを構築し、さらにその3D空間で仮想カメラを自在に動かすことで、任意の位置・角度から見た自由視点映像の生成が可能になったのです。

「鳥の視点」とも称され、その映像の凄さには「これまでに見たこともない映像」として海外でも話題になりました。

この映像は、試合の臨場感を新たな視点で見ることができるエンターテインメント性だけでなく、一人ひとりの選手の行動をすべてデータで把握することができ、その選手の特徴や長所、弱点の把握にも活用できます。

この自由視点映像により、テクノロジーの進化を多くの人が実体験できたのではないでしょうか。

今大会を機に、キヤノンはスポーツ映像コンテンツの制作、提供をはじめとするビジネスを展開していき、今後は、スポーツのライブ中継やリプレイ映像への活用に加え、スポーツ以外の各種イベントやエンターテインメントへの活用に向けた映像提供を目指しているとのことです。（https://global.canon/ja/news/2019/20190917.html）

気温18度以上の地域で暮らす人は寿命が長い？

ImPACT（Impulsing Paradigm Change through Disruptive Technologies Program／革新的研究開発推進プログラム）という内閣府の研究グループがあります。

このプロジェクトでは、ＭＲＩのデータから脳の健康状態を示す脳の健康管理指標「ＢＨＱ（Brain Healthcare Quotient）」を導き出すことに成功しました。ＢＨＱが高ければ、脳が健康状態にあると言えます。このＢＨＱは、すでに情報通信系の団体では世界標準となっています。

健康診断には血液検査の項目が複数あり、さまざまな血液の状態を調べられるのと同様に、脳にもさまざまな状態を示す複数の項目が存在すると捉えて、ＢＨＱが導き出されました。

ImPACTでは現在、企業の協力も得て、どんな因子がBHQと関係があるのかを研究しています。まだ確定的に語るにはサンプル数が少ないため、仮説の域を出ませんが、例えば住空間と脳の健康状態に関する仮説があります。

「気温18度以上のところで暮らす人と18度未満のところで暮らす人では寿命が変わる」という仮説です。

18度以上のところでは、30分くらいウォーキングをすると脳の健康状態を良好に保つことができますが、18度未満のところだと30分程度では脳の健康状態を良好に保つことができない。もっと長い時間のウォーキングが必要だということが、この仮説のベースにあります。

別の先生は、「厚生労働省が毎日9000歩を歩こうと提唱しているが、実際に毎日9000歩を歩いている人と歩いてない人では、脳の健康状態が見事に変わってくる」と言います。

また、脳のBHQが特に高い人の働き方を調べたところ、比較的残業を一生懸命にしていることがわかりました。しかもやる気を持って、イキイキと残業をしているのです。

現在、日本では働き方改革の一環で残業を減らす動きがありますが、ただ残業を減らすだけでは、本質的な問題の解決にはつながらないのではないでしょうか。ある程度の責任を持ち、やりがいを持ってイキイキと働いている人は、残業をしていてもBHQが特に高いのですから。

また、ストレスと脳の健康状態には関係性がありますが、ストレスには質の良いストレスと悪いストレスがあります。

パワハラなどを受けたことによるストレスは脳の健康状態にかなり悪い影響を及ぼしますが、自らやる気を出して自分にストレスをかけているときは、意外に健康によかったりします。それが目標になったりするからです。

このような研究が、生体データや脳神経データの蓄積により進められています。どのような食べ物が脳の健康に良いのかを研究している企業もあります。チョコレートが脳に良いという話もありましたが、サンプル数が少なく、統計学的にはっきりしたことはまだ言えない段階にあります。

食品メーカーはこうした研究に熱心に取り組んでいます。

栄養・休養・運動に関する研究も行われています。

スポーツの世界では、睡眠の質がパフォーマンスに影響を与えると言われています。脳科学により、そうした研究のエビデンスが多く取れるようになってきています。

スマホで
自分の自律神経のデータを計測する

現在は自律神経のデータも、スマホで簡単に取ることができるようになりました。

自律神経には活動的な働きをする交感神経と、リラックスする働きを持つ副交感神経がありますが、交感神経と副交感神経のバランスが良いとパフォーマンスが高くなることが、わかりつつあります。

自律神経が、どのような場面でどのような状態になるのかは、人によってそれぞれ異なります。そこで、スマホで自律神経の状態のデータを取り続けることで、自分の自律神経の状態がわかるようになります。

例えば、人の目を見ると緊張してうまく話せなくなってしまう人と、人の目を見たほうが緊張せずにうまく話せる人がいます。このように人それぞれに異なる特性も、自律神経のデータを取ることでわかってきます。

こうしたデータの分析により、自分の自律神経のバランスが悪くなりそうなときには、ちょっとしたアクティビティ（動作）をすると、バランスをよくすることができるのです。

例えば、会議の前に緊張してしまう人であれば、その緊張を緩めるために深呼吸をする方法もあります。スポーツで本番前に緊張をほぐす方法と同じです。

このように個人のパフォーマンスを高める方法がわかってきています。

自律神経の状態は伝播すると言われています。そのため、会議を主導するリーダーの自律神経の状態が良いと、その良い状態が出席者全員に伝播します。「場の空気が良い」と言ったりするのは、そうした状態を表しています。

現在は、脳がすべての指令を出しているのではなく、心臓が信号を発しているという研究発表もなされています。自律神経の状態が良いと、心臓から電磁波などが出て良い空気ができるというのです。

つまり、リーダーが自分の自律神経を良い状態に保てるようにコントロールすると、チームのパフォーマンスを高めることが可能になります。

既存のビジネスに最新のテクノロジーを組み合わせて新しい価値観を生み出すのがX-Techですが、サービスや製品だけでなく、このように人の行動や生活も変えていくのです。

第1章

今、テクノロジーの進化で社会が大きく変わり始めた！

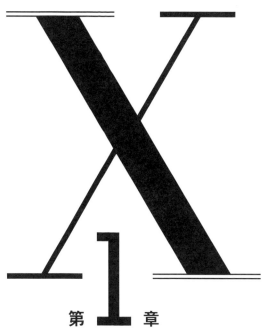

第四次産業革命はもう始まっている

1760年代にイギリスで始まった産業革命以降、テクノロジーの進化は社会や産業をさまざまな形で変革してきました。その頃の産業革命は、今では「第一次産業革命」と呼ばれています。

蒸気機械などのテクノロジーにより動力源が刷新され、工場制機械工業が成立して大工場が建てられました。その結果、社会構造が根本的に変化して近代資本主義経済が確立されたのです。

19世紀半ばから後半にかけては、電気を利用するテクノロジーが開発され、電力活用による大量生産が可能になりました。この革命は「第二次産業革命」と呼ばれています。

さらに20世紀後半には、エレクトロニクスやIT（Information Technology／情報技術）などのテクノロジーの進化により生産の自動化が進みました。この革命は「第三次産業革命」と呼ばれます。

第三次産業革命以降、半導体や通信などのテクノロジーが飛躍的に進化したことで、

IoT（Internet of Things／モノのインターネット）、ビッグデータ、AI（人工知能）、ロボットなどをネットワークにつなげて、低コストでスムーズに活用することが可能になり、さまざまな新しい産業が生み出されています。

そして、製造業だけでなくサービス業も含めたあらゆる産業において、飛躍的な効率化や高付加価値化が可能となりました。この変革が「第四次産業革命」と呼ばれ、現在、日本だけでなく世界中が第四次産業革命の真っただ中にあるのです。

第四次産業革命の特徴は、コンピューターサイエンスの一種の「データサイエンス」にあります。

データサイエンスとはデータの分析に関

第四次産業革命とは?

第一次	第二次	第三次	第四次
18世紀	20世紀前半	20世紀後半	21世紀
蒸気機関	電気エネルギー	コンピューター	AI、ビッグデータ
木綿工業	重化学工業	IT業	製造、広告業など
機械化	**大量生産化**	**自動化**	**自律化**

➡ 第四次産業革命で、今やAIの時代が始まっている

する学問で、統計学や数学などとも関連します。大量のデータから意味のある情報や法則、関連性などを導き出し、そのデータ処理の手法に関する研究を行います。

現在、世界中で第四次産業革命センターが作られています。

例えば日本では、２０１８年に世界経済フォーラム第四次産業革命日本センター（C4IR Japan）が米国以外では初の海外提携センターとして、日本の経済産業省と一般財団法人アジア・パシフィック・イニシアティブの連携で設立されています。

データサイエンスの進化によって生まれた「X-Tech」

これまではコンピューターの性能がまだ十分ではなく、いわゆるビッグデータを処理することが難しい現実がありました。大量のデータを分析することができなかったのです。

しかし、コンピューターの性能が進化したこと、そして通信技術が進化したこと、具体的にはクラウドの技術が進化したことにより、ビッグデータの蓄積と分析が可能になりました。今ではクラウドを使えば、ノートパソコンでも大量のデータを分析することができます。

その結果、新しいビジネスが次々と生まれてきたのですが、それを端的に象徴しているのがAmazonやGoogle、Facebookが展開しているビジネスです。それらの企業はネット上を行き交う膨大なデータを分析することにより、新時代のビジネス勝者となっていきました。

また、センサーに関する技術の進歩により、生体センサーや温度センサーなど高機能センサーが低価格で提供されるようになり、人やモノにセンサーを取りつけ、さまざまなデータを収集することも可能になりました。

例えば、室内の温度や湿度と睡眠時の人の身体の状態をセンサーによりデータ化することも可能になりました。こうしたデータもデータサイエンスにより活用されるようになったのです。

ＩｏＴなどのインターネットを使ったセンサーによる情報収集により、２０１５年から２０２０年まででデータ通信量は約7倍になると言われています。データサイエンスを活用したビジネスが伸びたことでさまざまなデータの蓄積が進み、それを分析し活用するビジネスも伸びてきたわけです。

データサイエンスが進化したことにより、データのインプットとアウトプットの分野でさまざまなビジネスが新たに生まれてきました。そうした次々に登場するビジネスを総称して、本書のテーマである「X-Tech」と呼んでいます。

改めてX-Techを簡単に説明すると、既存の産業に最新のテクノロジーを組み合わせて新しい価値を提供する製品やサービスのことで、「○○×Tech」という名称の総称となります。

例えば、FinTechは「Finance（金融）×Technology（技術）」という2つのキーワードを合わせた造語です。

他にも、AdTech（広告）、MarTech（マーケティング）、EdTech（教育）、

IoTによりデータ通信量はうなぎのぼりに増加

・2015年では6ZBのうちストレージされるのは1.5ZBだった
・2020年では44ZBのうちストレージされる6.5ZBになる
※ZB=Zetta Byte（ゼタバイト。テラバイトの10億倍）

AgriTech（農業）、MediTech（医療）、HRTech（人材）、RETech（不動産）など、さまざまな産業や業種で「〇〇Tech」という造語が生まれ、今後の産業界に劇的な変化をもたらす起爆剤として大きな注目を集めています（詳しくはあとで解説します）。

X-Techに活用されるテクノロジーとしては、ビッグデータやセンサーの他、AI、ロボット、位置情報、VR（バーチャルリアリティー）などがあります。

また現在、話題になっている5G（第5世代通信）が実現されると、より多数のセンサーから情報を収集し、そのデータをリアルタイムに活用することが可能となるため、X-Techはさらに加速し、社会に広がっていく可能性が高いのです。

多様なセンサーが5Gインフラを活用する

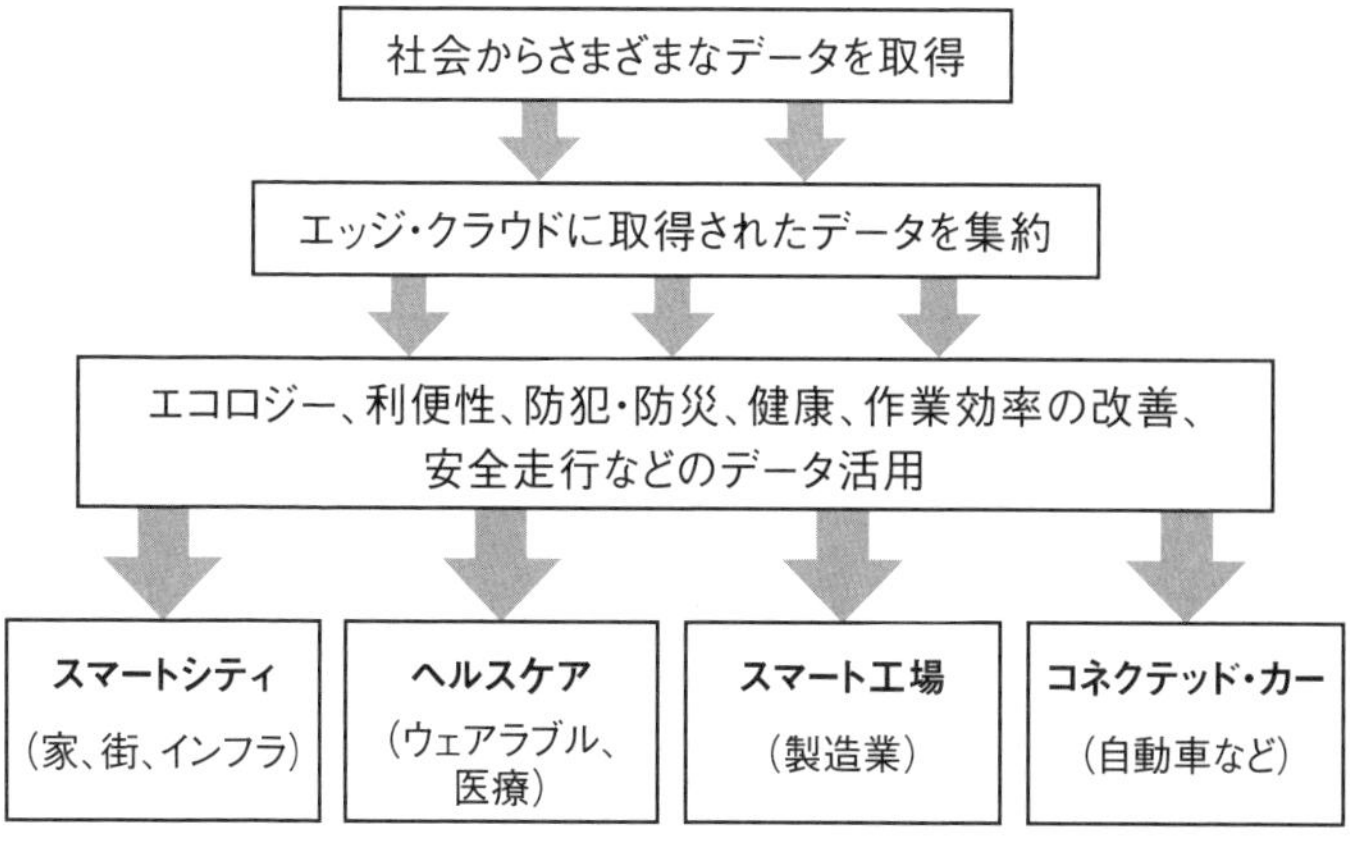

そして今、X-Techは私たちの日常生活や会社のあり方を変えつつあるのです。すでにそのことに気がついている人は、いち早くそのビジネス展開に取り組んでいます。

「Society 5.0」とは何か？

第四次産業革命が進むと、「Society 5.0」と呼ばれる「超スマート社会」が到来すると言われています。このSociety 5.0は日本が発信している言葉で、日本はSociety 5.0を世界で主導すると宣言されています。

人類の歴史をさかのぼってみると、「狩猟社会」「農耕社会」「工業社会」「情報社会」と社会は進化してきました。情報社会がさらに進んだ次の時代をSociety 5.0と呼ぶのですが、経団連はこれを「創造社会」と呼んでいます。

情報社会に続く5番目の社会が創造社会です。経団連ではAIなどによる技術革新を見据えて、企業活動や教育などでの変革の必要性を訴えています。

37ページにSociety 5.0と第四次産業革命の関係を示しました。

簡単に言うと、Society 5.0は「このような社会を作りましょう」という提言であり、第四次産業革命はビジネス面に視点を置いています。

Society 5.0は、次のように定義されています。

「必要なモノやサービスを、必要な人に、必要なときに、必要なだけ提供し、社会のさまざまなニーズにきめ細かに対応でき、あらゆる人が質の高いサービスを受けられ、年齢、性別、地域、言語といったさまざまな違いを乗り越え、活き活きと快適に暮らすことのできる社会」

そして、Society 5.0が実現された社会では、次のような生活やビジネスが想像されます。

Society 5.0と第四次産業革命の関係

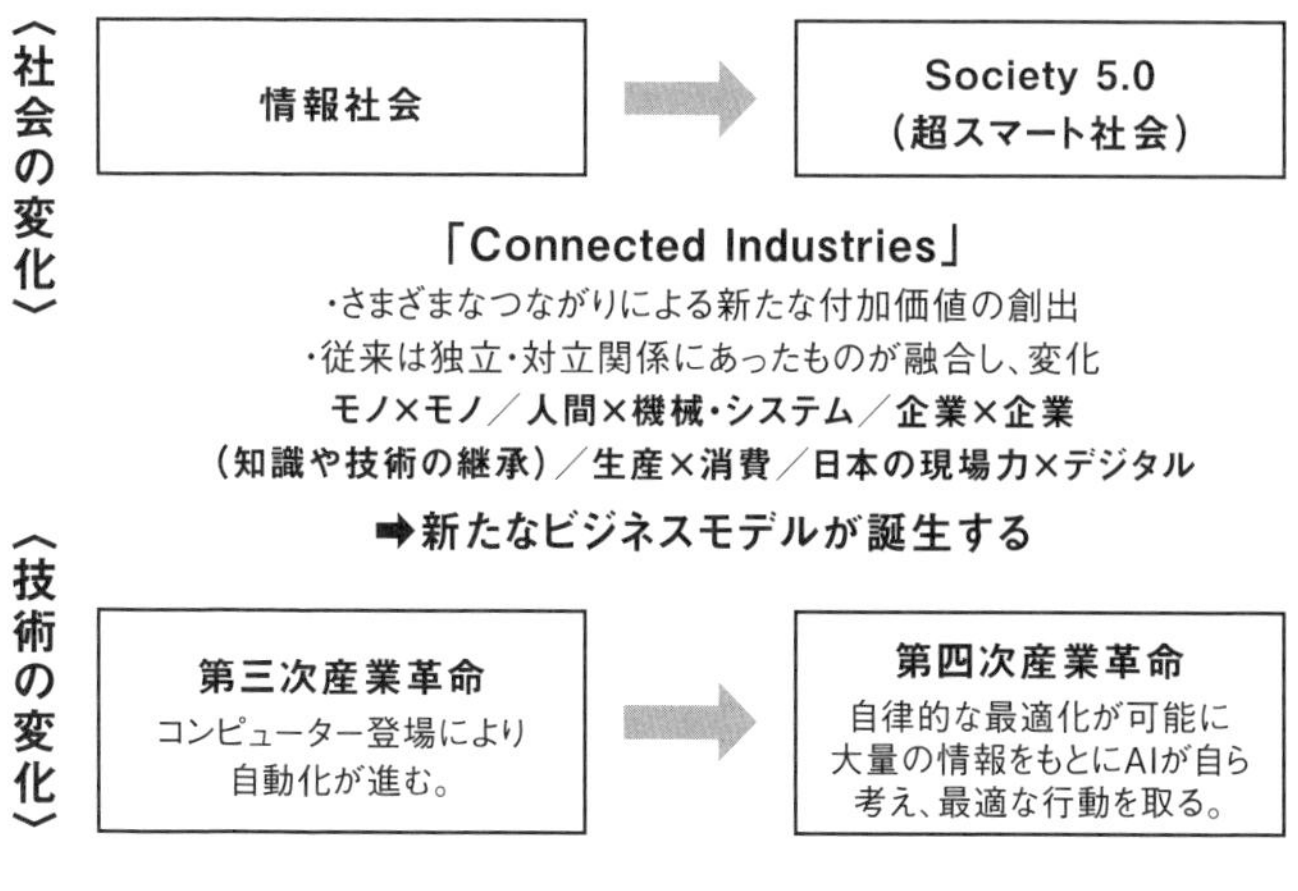
〈社会の変化〉
情報社会
Society 5.0
(超スマート社会)
「Connected Industries」
・さまざまなつながりによる新たな付加価値の創出
・従来は独立・対立関係にあったものが融合し、変化
モノ×モノ／人間×機械・システム／企業×企業
(知識や技術の継承)／生産×消費／日本の現場力×デジタル
➡新たなビジネスモデルが誕生する
〈技術の変化〉
第三次産業革命
コンピューター登場により
自動化が進む。
第四次産業革命
自律的な最適化が可能に
大量の情報をもとにAIが自ら
考え、最適な行動を取る。

・日常生活のふとした機会に、着たい服をスマホに入力。自分にピッタリの寸法、好みの色・素材の洋服が、既製品とさほど変わらない価格・手間で購入できるようになる。

・アプリを使って毎月の家計簿は自動作成。友人への送金もスマホでできる。サービス申し込み時の本人確認もオンライン。アメリカ留学中の息子への仕送りはブロックチェーン（分散型ネットワーク、ビットコインの中核技術）により大幅に安価に。買い物では現金は使わない。

・市街地から離れた実家に暮らす高齢の父親は、遠隔診療により通院負担が週に1回から月に1回に軽減され、データやAIを活用した、かかりつけ医による診療を無理なく受けられる。

・要介護状態の母親は、データやAIを活用した最適なケアプランにより、要介護度が改善し、自宅で過ごす時間が増え、団らんを楽しんでいる。

・介護現場でのロボットやセンサーなどの活用により、夜間の見守りなど職員の厳しい労働環境は大幅に改善され、その分、専門性を活かして個々の利用者に最適なケアの提供が可能になる。

・鉄道や路線バスが廃線となり、仲間との囲碁の会や買い物・通院に車を使用していた高齢者が、心配する家族から運転を控えるように勧められていた。県道を走る自動走行バスと道の駅からの移動サービスが導入され、住み慣れた土地で、家族に心配をかけずに暮らし、外出も続けられている。

・医師は、これまでバラバラだった患者の健康診断・治療・投薬・介護記録を、本人同意のもと確認し、初診時や救急時に個人に最適な治療がいつでもどこでも可能になる。

・国内外のさまざまなニーズを有する旅行者が、交通運行情報や施設情報を組み合わせた高度なナビゲーションにより、複雑な東京駅構内でも迷わずに乗り継ぎ、公共交通機関で会場や宿泊場所へスムーズに移動している。

・地元有志が設立したまちづくり会社は、ＤＭＯ（Destination Management Organization／観光地域づくりの舵取り役）が地域の銀行やファンドから資金や経営支援を得て、景観を整備し、空き店舗や古民家等の地域資源を再生。観光客の行動をデータ分析して、街の活性化と個々の事業者の生産性向上を実現。国内外からの観光客で四季を通じてにぎわっている。

・売上減に悩んでいた旅館経営者が、従業員に社会人講座でデータを活用した最新の接客業を学び直してもらった。利用客の好みなどの情報をすべて「見える化」したシステムを使いこなすことで、利用客のニーズに合った丁寧なサービスを提供し、顧客満足度と売上増を達成している。

・ＩＣＴの専門知識が特になくても、身近な税理士等の勧めでクラウドサービスを導入。タブレット型のＰＯＳ（Point of sales system／販売時点情報管理）レジや受発注システムと連携して売上・仕入データが自動生成され、経理や税務申告が簡単になる。データ分析とＡＩによって商品の入れ替えと価格の最適化を行い、さらなる顧客価値の高い新サービスを開始し、高い収益性を実現する。

・eコマース（電子商取引）の進展にともない個別配送の物品取引が飛躍的に増大して、ドライバー不足と長時間労働に直面。しかし、1人のドライバーが行うトラックの隊列走行によって大量の貨物が輸送可能になり、ドローンを活用した個別配送が一般化することによって、大きな負担なく物流事業が継続でき、消費者ニーズに沿った新たな配送サービスが日々生み出されている。

・これまで習得するのに何年もかかった建築や土木に関するノウハウも、ICT建機により短期間で身につけられるようになる。週末返上でとりかかっていた工事でも、熟練工に長時間労働のしわ寄せが及ばず、土日の休日をきちんと確保することが可能になる。

・中小企業の現場に直接出向いてくれる専門家に相談し、自社に合った低コストで機能的なロボットやIoTツールを導入。製造プロセスの効率化に加え、原材料仕入先や製品納入先とのデータ連携によって、取引先の工場の稼働状況や販売計画から先回りした対応が可能になった。系列外の企業との取引も生まれ、年間の繁閑の変動を抑えつつ、売上を増やすことができた。

・農業現場では勘や経験のみに頼らず、熟練農家の知識、生育状況や気象、ドローンの映像などでさまざまなデータを駆使し、新規参入者でもおいしく安全な作物を収穫でき、生産性向上や経営改善によって稼げる農業が広がっている。

・ICTベンダー（事業者）で販売管理のシステムを古いプログラミング言語（COBOLなど）で開発していたが、30歳代半ばでeラーニング（ネットを使った学習）で新しいプログラミング言語（Python など）を習得し、転職先のICTユーザー企業で、顧客の好みにカスタマイズしたサービスを提供できる新たなシステムの開発を先導し、海外のICT人材と比べても遜色のない給料で活躍している。

・小学校でのプログラミングの授業をきっかけに、10年後の社会で自動走行車やロボットが日常生活に溶け込んでいる姿を自分で設計したいと思い、大学の工学部に進学。情報工学や機械工学のみならず、経営学など他分野も専攻したあと、スタートアップ企業を創業して大手企業との共同研究に邁進している。

・地元のスタートアップ企業が新たな通信方式をもとに、暮らしを便利にするサービスを考案。そのサービスは、家庭内の冷蔵庫や電子レンジなどに蓄積される日頃のレシピデータや食材の使用データを相互に参照し、好みに応じた新しいレシピの提案や、足りない食材を自動で近所のスーパーに注文してくれるというもの。現行の規制は新しい通信方式を想定していなかったものの、規制のサンドボックス制度(現行規制との関係上、新たなビジネスモデルの実現が困難な場合に、事前申請で官庁の認定を受けて実証実験ができる制度)によってすぐに実証実験を開始。当局も一緒になって実証データを確認。これによりスピーディにサービスイン(リリース)が可能になる。

X-Techが日本の課題解決に重要な役割を果たす

1945年の第二次世界大戦終戦以降、日本は製造業を中心に経済復興を果たし、長い間、製造業が日本経済を支えてきました。

1950年代初期までは石炭産業が人気産業でした。1960年代にエネルギー革命が起こると石炭産業は斜陽産業となり、代わって鉄鋼・造船産業が成長。1973年のオイルショック後は重厚長大産業は勢力を弱め、自動車、電化製品、コンピューターなどの軽薄短小産業が急成長しました。

最近はスタートアップ企業が大きく成長しないことが日本経済の課題となっていますが、第二次世界大戦終戦直後は日本でも、今で言うスタートアップ企業が多く生まれています。

ソニー（1946年5月設立）やホンダ（1948年9月設立）などは、その後、大きく成長して日本の産業を支える大企業になっています。

ところが1990年代以降、日本企業が世界を席巻していた製造業のさまざまな分野

（例えば液晶パネル、DRAMメモリー、リチウムイオンなど）で大きくシェアを落とし、製造業の大量生産型モデルでは日本の経済を支え切れなくなったのです。

今でも日本の経済は製造業が支えていると思っている人が多いかもしれませんが、実は2014年時点で、日本のGDPの70％超をサービス業が占めるようになっています。サービス業の比率が高まること自体は、欧米先進国型の産業構造に近づいているので悪いことではありません。問題は、日本のサービス業では労働生産性が低いことにあります。

また、GDPの残りの20数％を占める製造業・建設業も、大量生産型のビジネスの多くが日本以外のアジア諸国に移転されたため、大量生産型から脱却して製造業のサービス化を進める必要があります。

つまり、あらゆる産業においてサービスの生産性を高めることが日本産業の最大の課題となっています。

「良いものをより安く」という言葉に象徴されるように、日本ではサービスを提供する企業が過剰なサービスを行いがちです。コストを無視して安く売ってしまうのです。

サービス業の生産性が低い理由は、サービスが対価に転嫁されていない点にあります。

製造業が日本経済を支えていた時代は、サービスを安くしても国の経済は成り立ちました。しかし、ＧＤＰの大半をサービス業が占めるようになった現在では、サービスを高く売っていかない限り、日本経済は成り立ちません。

ただし、既存のサービスのままでは、価格を上げることは簡単にできません。サービス業の生産性を高めるためにはテクノロジーを活用し、効率化する必要があります。同時に、新たな付加価値を生み出して、一人あたりが生み出す価値を高めるしかないのです。

この点でも、既存の産業に最新のテクノロジーを組み合わせて新しいサービスを提供するX-Techが重要な役割を果たすことになります。

データ駆動型社会が日本にもたらす将来像

２０１８年６月に政府が発表した「未来投資戦略２０１８」は「『Society 5.0』『データ駆動型社会』への変革」と題されています。そこでは、ビッグデータが社会や経済、産業を変えつつある現状を踏まえ、Society 5.0と並んで、データ駆動型社会が日本の成長戦略として謳われています。

データ駆動型社会とは、「データ収集」→「データの蓄積・解析」→「現実世界へ(制御・サービス)」というサイクルを回すことで、実世界とサイバー空間との相互関連(CPS：Cyber Physical System)が社会のあらゆる領域に実装され、大きな社会的価値を生み出していく社会です。

テクノロジーがめざましい進化をとげていることで、データの蓄積と解析さえできれば、さまざま付加価値が生まれ、効率化も可能になります。社会全体が効率化の方向に向かう中で、その効率化が新しい付加価値を出していくとも言えます。

データ駆動型社会の実現のため取り組むべき分野としては、「製造プロセス」「モビ

データ駆動型社会とは?

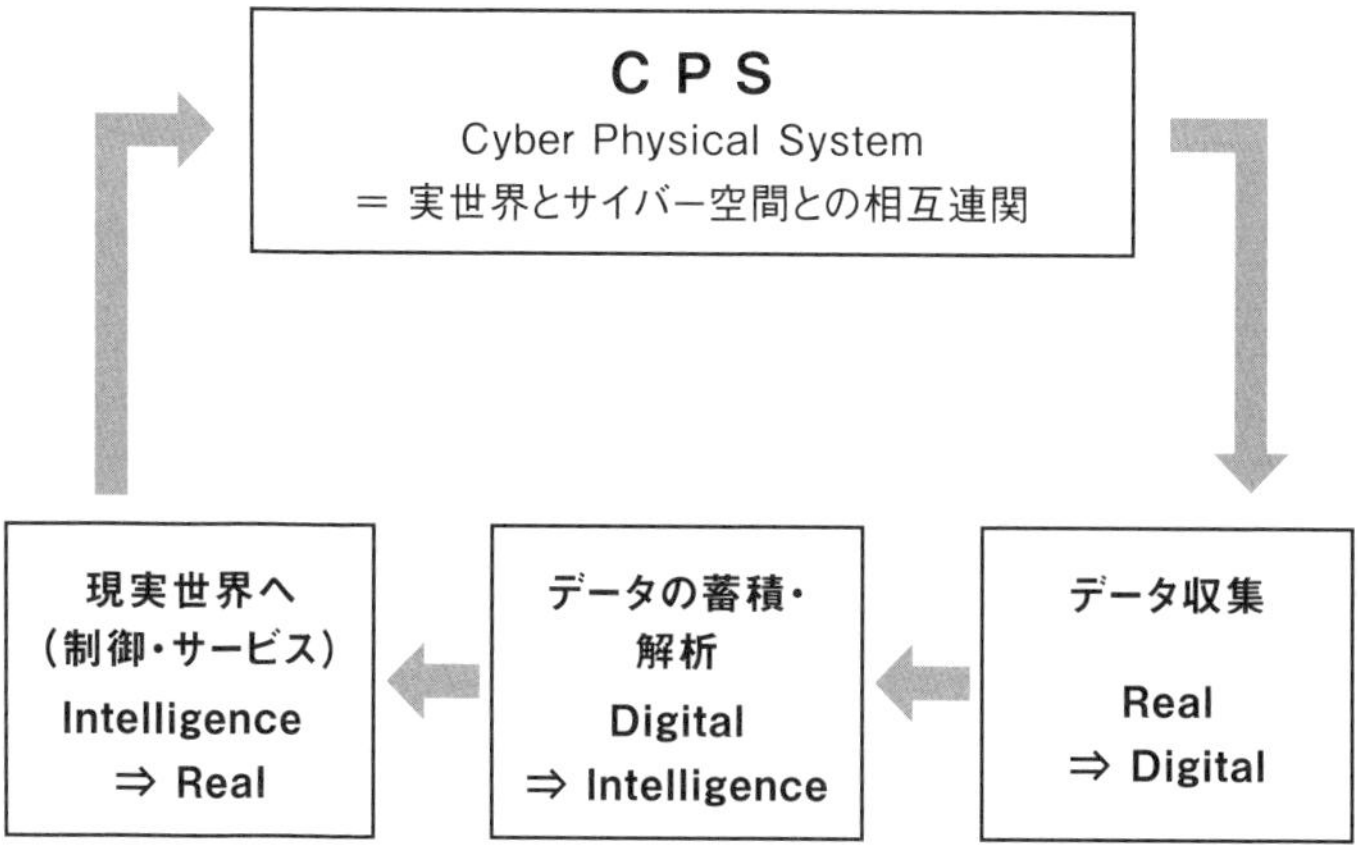

リティ」「スマートハウス」「流通」「インフラ・産業保安」「医療・健康」「行政」があげられています。

それぞれの分野の将来像を紹介します。

・製造プロセス：設計・製造・保管管理の最適化、「規格品」から「テーラーメイド化」へ
・モビリティ：交通事故・渋滞等の低減等に加え、自動走行技術を活用した新たなモビリティの創造
・スマートハウス：安価で安定的かつ、再生エネルギーを活用した持続可能なエネルギー供給、新サービス創出による電力小売市場活性化
・流通：「規格品の大量生産販売」から「個人の嗜好に合わせたものをリードタイムゼロで販売」へ
・インフラ・産業保安：公共インフラの持続的運営・民間参入拡大、保安水準向上、被規制者負担の軽減
・医療・健康：「予防」サービス普及による医療費等の社会コストの適正化
・行政：データ駆動型行政によるサービスの抜本的向上

日本が目指す
SDGs達成に向けた課題解決とSociety 5.0の実現

最近、テレビや新聞、ネットで「SDGs」という言葉が頻繁に取りあげられています。

このSDGsは、もともと2000年の国連サミットで合意されたMDGs(Millennium Development Goals/ミレニアム開発目標)に代わる、国際社会における新しい共通目標です。

SDGsが画期的だったのは、2030年の社会のあり方に対して数値目標を提示したことです。世界の国が集まり、世界の社会課題を解決するための具体的な目標に落とし込んだのは、人類史上初でした。17の社会課題を「絶対に解決するぞ」と謳って、世界中が動き出したわけです。

その解決方法はいろいろあり、必ずしもビジネスよるとは限っていません。ただし、ビジネスとして成り立ったほうが世界に広がる可能性や実現までのスピードは高まります。そこで、どのようにビジネスにしていくかを世界中の企業が現在、考えています。

実はこうした世界の流れを受けて、日本政府は前述したSociety 5.0という概念を打ち出したのです。

近年、よく「AIが社会に浸透すると人の仕事がなくなる」ということが話題になります。実際にアメリカでは、優秀な人と単純作業しかできない人の二極化が進んでおり、後者の人たちは仕事がなくなって職を失いつつあります。

そのような一部の人が不幸になるようなビジネスではなく、不幸になる人をなくすようにビジネスを展開しようと概念がSociety 5.0のベースにはあります。

近江商人に「三方良し」という考え方があります。

三方とは「売り手」「買い手」「世間」のことです。近江商人は、売り手と買い手がともに満足し、しかも社会貢献もできるのが良い商売であると考えて、この言葉を大切にしました。

日本では、この「三方良し」でSDGsに向けてビジネスを創っていこうというのがSociety 5.0の基本なのです。

儲かる人だけ儲かればいい、と個人の利益のみを追求するのではなく、「テクノロジーを使ってみんなを救いましょう」という提唱は、海外でも評価されつつあります。

X-TechがSDGsの17の課題を解決する

SDGsについて、外務省のホームページでは次のように記載されています。

「持続可能な開発目標（SDGs）とは，2001年に策定されたミレニアム開発目標（MDGs）の後継として，2015年9月の国連サミットで採択された『持続可能な開発のための2030アジェンダ』にて記載された2016年から2030年までの国際目標です。

持続可能な世界を実現するための17のゴールと169のターゲットから構成さ

SDGsの17の目標

れ、地球上の誰ひとりとして取り残さない（leave no one behind）ことを誓っています。SDGsは発展途上国のみならず、先進国自身が取り組むユニバーサル（普遍的）なものであり、日本としても積極的に取り組んでいます」

SDGsには17の課題があり、そのすべては平等に注目すべきものになります。


「1．貧困　貧困をなくそう」

「2．飢餓　飢餓をゼロに」

「3．保険　すべての人に健康と福祉を」

「4．教育　質の高い教育をみんなに」

「5．ジェンダー　ジェンダー平等を実現しよう」

「6．水・衛生　安全な水とトイレを世界中に」

「7．エネルギー　エネルギーをみんなに そしてクリーンに」

「8．成長・雇用　働きがいも経済成長も」

「9．イノベーション　産業と技術革新の基盤をつくろう」

「10．不平等　人や国の不平等をなくそう」

「11．都市　住み続けられるまちづくりを」

「12. 生産・消費　つくる責任 つかう責任」
「13. 気候変動　気候変動に具体的な対策を」
「14. 海洋資源　海の豊かさを守ろう」
「15. 陸上資源　陸の豊かさも守ろう」
「16. 平和　平和と公正をすべての人に」
「17. 実施手段　パートナーシップで目標を達成しよう」

本書のテーマであるX-Techとの関連では、「2. 飢餓 飢餓をゼロに」はFoodTechやAgriTechが関係します。「3. 保険　すべての人に健康と福祉を」はHealth-Tech、「6. 水・衛生　安全な水とトイレを世界中に」はWaterTech、「8. 成長・雇用　働きがいも経済成長も」はHRTech、「11. 都市　住み続けられるまちづくりを」はAutoTechやLogiTechに、それぞれ関連します。

これらが社会課題として存在し続けているのは、ビジネスとして成り立っていないことでもあります。従来、これらの分野にはビジネスとして成り立つほどお金がまわっていませんでした。しかし、テクノロジーが進化したことで、ローコストでまかなえる領域が増えてきました。

下の図は、SDGsの各目標がどれくらいのビジネスの規模になるかを調べたものです。

第四次産業革命には、新しいテクノロジーを使って今まではコストが高くて解決できなかった、SDGsが提唱する社会課題を解決していこうという側面もあります。

そしてその解決には、X-Techによって既存の業界や産業を変える取り組みが大いに役立つのです。

SDGs17の目標		対応するX-Tech
目標 1	貧困をなくそう	CreditTech, FinTech, HRTech®, InfraTech, InsureTech
目標 2	飢餓をゼロに	AgriTech, FoodTech, LogiTech
目標 3	すべての人に健康と福祉を	AgingTech, CareTech, HealthTech, HospitalTech, MedTech
目標 4	質の高い教育をみんなに	CurriculumTech, EdTech, HRTech®, LearningTech
目標 5	ジェンダー平等を実現しよう	BeautyTech, CareTech, CosmeTech, FashionTech,
目標 6	安全な水とトイレを世界中に	InfraTech, WaterTech
目標 7	エネルギーをみんなにそしてクリーンに	AirTech, EnergyTech, PowerTech
目標 8	働きがいも経済成長も	HRTech®, OfficeTech, RoboTech, TATech
目標 9	産業と技術革新の基盤をつくろう	InfraTech, InnovationTech
目標10	人や国の不平等をなくそう	EdTech, FinTech, LogiTech
目標11	住み続けられるまちづくりを	FoodTech, LivingTech, PropTech, RetailTech
目標12	つくる責任 つかう責任	AirTech, AutoTech, FoodTech
目標13	気候変動に具体的な対策を	AirTech, EnergyTech, FoodTech, PowerTech
目標14	海の豊かさを守ろう	MarineTech
目標15	陸の豊かさも守ろう	AirTech, AgriTEch, FoodTech
目標16	平和と公正をすべての人に	InfraTech, IPTech
目標17	パートナーシップで目標を達成しよう	NA（各目標の実施手段を定めたものであるため、対象外）

第2章
あらゆるビジネスを変革するX-Techとは？

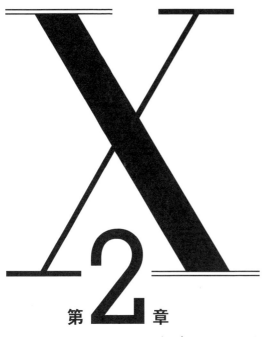

X-Techの分類

さまざまなビジネス分野や産業界に劇的な変化をもたらす起爆剤として、大きな注目を集めているのがX-Techです。

現在、新しいX-Techが次々に登場している段階にあり、アルファベット順にざっと並べただけでも下の表のようなビジネスが生まれています。

初めて目にするX-Techもあると思いますので、ここで順番に簡単に解説します。

・AccountTech

経営に不可欠なアカウンティング（会計

A	AccountTech	E	EdTech	L	LearningTech	R	RegTech
	AdTech		ElectionTech		LegalTech		RetailTech
	AgingTech		EnergyTech		LivingTech		RoboTech
	AgriTech	F	FashionTech		LogiTech	S	SalesTech
	AirTech		FinTech		LoveTech		SeniorTech
	AutoTech		FlexTech	M	MarTech		SleepTech
B	BabyTech		FoodTech		MarineTech		SpaceTech
	BeautyTech	G	GovTech		MedTech		SportTech
	BrainTech	H	HealthTech	N	NeuroTech	T	TATech
C	CareTech		HospitalTech	O	OfficeTech		TalentTech
	CivicTech		HRTech®	P	PeopleTech®		TeachingTech
	CreditTech		HumanTech		PoliTech		TextileTech
	CuisineTech	I	InfraTech		PowerTech		TransTech
	CurriculumTech		InnovationTech		PropTech		TravelTech
D	DentalTech		InsureTech		PRTech	V	VideoTec
			IPTech		PsycoTech	W	WaterTech

業務）を自動化するテクノロジーです。

・AdTech

Adは広告、ネット広告の配信技術や広告流通の技術のことで、「テクノロジーを駆使することで最適化された広告」の総称です。

・AgingTech

老化に関するテクノロジーで、老化を防いで健康寿命をいかに延ばすかというテクノロジーです。人類の歴史を眺めると、この100年で一番変わったのは人間の寿命が延びたこととも言われています。単に寿命を延ばすのではなく、健康で長生きを実現するテクノロジーの開発が今、求められています。

・AgriTech

農業（Agriculture）と技術（Technology）の組み合わせで、農業分野とＩＣＴ分野の融合は無限の可能性を秘めており、かなり広範囲で活用されています。

例えばＡＩやＩＣＴ、ロボティクス（ロボット学）などの最先端テクノロジーを農業に応用して効率的な農業を目指すこと、あるいは農業とＩＣＴが重なり合う事業領域や、ＩＣＴに特化した農業分野のスタートアップ企業を指すこともあります。

また、センサー、ドローン、クラウド、モバイルデバイスを駆使した農業のＩｏＴ化も含まれます。

・AutoTech

AutoTechは自動車業界から発達したインパクトの強いテクノロジーで、20年以上にわたって燃費、乗り心地、安全性などで大きな進歩がありました。そして近年、急速に進化している機能が先進運転支援システム（ＡＤＡＳ）であり、その先にあるのが完全な自動運転です。数年以内に、標準的な乗用車は高いレベルの自律性を持った運転が可能になるでしょう。

AutoTechの分野は多くの投資家の注目を集めており、産業間の協力も強くなっています。

・BabyTech

ベビー用品とテクノロジーの融合、すなわち、「ＩｏＴ×ベビー用品」のこと。また、主に乳幼児や小学校低学年の子育てを支援するスマートデバイスのカテゴリーを指す総称でもあります。

海外ではベイビーテック・カンファレンスにおいてBabyTechに関するさまざまな商品が展示されています。Baby Eats（赤ちゃんの食事）、Baby Learn & Play（赤ちゃんの発育）、Baby Safety（赤ちゃんの安全）、Healthy Baby（赤ちゃんの健康管理）、Fertility & Pregnancy Help（妊活補助）などに関する商品があります。

例えば、赤ちゃんを寝かせているとき、赤ちゃんにセンサーをつけて見守ることで人の代わりをします。今まではずっと人が見ていないといけなかった子守りをセンサーが代わってくれ、赤ちゃんに何かあったらすぐに教えてくれます。

・BeautyTech

美容に関するテクノロジーです。例えば、女性の皮膚の状態のデータを収集・解析し、どのような化粧をすることで女性を一番美しく見せることができるかを研究、その成果を商品化やサービス化します。

・BrainTech

脳（Brain）と掛け合わせた造語で、脳科学（神経科学）の知見とＩＣＴやネットを組み合わせたビジネスのことです。現在、脳科学の研究成果の応用化が急速に進んでいます。例えば、人間は脳がどのような状態になると健康になるのかが研究されていますし、脳の新しい部分の開発も進んでいます。

・CareTech

介護施設でもセンサーを通じた情報収集と、クラウドでデータ蓄積と活用や、ロボットを活用するようになっています。

・CivicTech

シビックは「市民」で、市民自身がテクノロジーを活用して、行政サービスの問題や社会課題を解決する取り組みのことです。街づくりをどのように行うのかもテーマとなります。後述するGovTechと類似しています。

・CleanTech

環境（Clean）とテクノロジーの掛け合わせです。水や電気などのエネルギーから廃棄物やスマートグリッド（リアルタイムなエネルギー需要と天候等で変化する再生可能エネルギーのエネルギー供給を把握して効率よく電気を送電する仕組みのこと）など、環境に関わる技術とＩＣＴを組み合わせたテクノロジーの総称。

エネルギーはすべての家庭や企業などに関わるため、ＩＣＴの次に大きな波が来ると言われているのが環境に関する分野です。

・CosmeTech

BeautyTech に類似しています。

・CreditTech

テクノロジーを用いて信用情報を新たに創造することで、信用情報（与信情報）をより精緻化するビジネスの領域です。従来の枠組みにとらわれない、いわゆる伝統的な金融機関が収集してきた金融取引データ以外に、活動情報や購買履歴などの信用評価に関連する情報を集積し、これまでにない取引やサービスの成立を可能にしていきます。

金融業界は、よりカスタマイズされた商品の開発を進めています。例えば融資を行う場合、一律にいくらまでを貸すのではなく、その人の与信情報に関するデータを解析して、貸し出し可能金額を個別に判断する方向に向かっています。

・EdTech

教育（Education）との融合で、デジタル技術を活用して学習スタイルやコンテンツを改革し、教育の仕組みや関連する産業などに変革をもたらす技法やその取り組みのことです。

EdTechの誕生の背景には、デジタル技術の劇的な進化により教育を提供する側の参入障壁が低下したこと、それにともなって従来の学校や教育の枠組みを超えたアイデアやビジネスが登場したことがあげられます。

一例としては、学校の先生が教材をデジタル化し、生徒はタブレットやスマホを使って個々に解答を行います。授業や講義終了後の宿題も同様の方法で行い、先生は生徒の詳細な学習進捗や理解度を把握する利用方法があります。

こうした学習形式は、従来型の集合学習にeラーニングの手法を取り入れていることから「ブレンデッド・ラーニング」と呼ばれています。

・EnergyTech

エネルギーマネジメントシステム関連のテクノロジーで、電気やガスなどの「エネルギーの見える化」や、エネルギーの使用状況を適切に把握・管理して最適運用などを実現します。

・FashionTech

ファッションに関わる分野でのＩＣＴを活用したサービスを指します。テクノロジーを利用したファッションアイテムの開発、物流システムの構築などを通して、ファッション界全体を活性化させる動きも含まれます。

例えばメガネの販売で、自分の写真を使用してどんな形・色のメガネが合うのか確認できるシステムはもちろん、自分に合う服の組み合わせを選べるアプリ、クラウドサービスを利用した店舗の在庫管理なども FashionTech となります。

・FinTech

X-Tech の中でも最もよく目にするのが、この FinTech でしょう。金融を意味するファイナンス（Finance）とテクノロジーの組み合わせで、スマホを使った電子決済がその典型例となります。銀行や証券会社など、日本の金融会社もFinTechを自社のビジネスで展開するため積極的に取り組んでいます。

FinTechは概ね「ICTを駆使した革新的（Innovative）、あるいは破壊的（Disruptive）な金融商品・サービスの潮流」という意味で利用されています。Google、Amazon、Facebook、Apple（いわゆる「GAFA」）は世界をリードする先進的なICT企業の集積地であるシリコンバレーにおいて、金融サービスを含む革命的な新サービスを次々と生み出していて、シリコンバレーを中心に世界的に広がり、金融サービスの新たな時代を作る可能性を秘めていると注目されています。

日本では金融資産の3分の2が高齢者の手元にあり、その高齢者がお金を使わないことが日本経済停滞の原因とされています。高齢者がお金を使わない理由は、老後の生活に不安を感じているからです。したがって、安心してお金が使える仕組みを作れば日本経済は元気になるはずで、それはFinTechを活用すれば可能だとも言われています。

・FlexTech

フレキシブルデバイス（柔軟性のある有機エレクトロニクスのデバイス）に関するテクノロジーです。有機EL（エレクトロルミネセンス）、有機太陽電池、有機トランジスタなど、有機半導体をベースとしたエレクトロニクス全般を指し、薄くて柔らかく、曲げたり巻いたりできるため、その製品はフレキシブルデバイスとも呼ばれています。

・FoodTech

食品関連サービスとICTを融合した新しい分野を指します。代替肉などの食材だけでなく、レシピやデリバリー、オーダーシステムや予約システム、食材廃棄量の管理や自動調理などさまざまな領域にわたり、国内外を問わず多くの企業が取り組みを進めています。

・GovTech

政府(Government)とテクノロジーの融合で、政府がICTなどの新しい技術を取り入れ、公的サービスをより良いものにすることを指します。

例えば「スマートシティ・プロジェクト」もその一例で、テクノロジーを活用して、交通・生活環境・高齢化対策など、さまざまな分野で革新的なサービスを市民に提供し、生活をよりよくしていくプロジェクトです。日本だけでなく世界各国で取り組みが始まっています。

・HealthTech

医療とＩＣＴの融合で、現在、多くの企業が熱心に取り組んでいる分野です。医療機器アプリやヘルスケアアプリ、遠隔治療の分野などで研究開発が行われています。

クラウドコンピューター、スマホやタブレットなどのモバイル、ＡＩ、ＩoＴ、ウェアラブルデバイスなどの技術を活用し、これまでは存在しなかった革新的なサービスを開発することです。

HealthTech 事業が成長・拡大している背景として、日本などの先進国では社会的なニーズとして、高齢化の加速と人口減少による医療費の増大及び負担増が問題視されていること、また個人としても健康寿命をより長く延ばしたいニーズがあります。

・HospitalTech

病院に関わるテクノロジーで、病院運営における情報管理や分析、オンライン上での診断などが該当します。

・HRTech

HRとはHuman Resource（人材）のことです。クラウドやビッグデータ解析、ＡＩなど最先端のＩＣＴ関連技術を使って、採用・育成・評価・配置などの人事関連業務を行い、人事課題の最適解を導くソリューションやサービスのことです。

新しいテクノロジーの導入は、採用やタレント（能力）マネジメント、リーダー育成、評価、給与計算、業務改善など幅広い領域に及んでいます。

アメリカでは、すでに企業価値が４００億ドルを超える企業が登場するなど、巨大ビジネスに成長する可能性も期待されています。

・HumanTech

HRTechより幅広く、人間全般に関わるテクノロジーです。

・InfraTech

社会インフラに関するテクノロジーで、道路や橋などにいつひび割れが生じるかを予測し、保守管理を最適に行うことなども含まれます。GovTechやCivicTechなどと類似する分野もあります。

・InsurTech

保険（Insurance）との融合で、保険会社が担当する保険の引き受け、保険料の運用、保険金の支払い、保険商品の販売といった保険会社の業務にテクノロジーを活用して、仕事の効率や収益性を高めたり、センサーや遺伝子検査などを活用し、今までにないサービスを生み出したりすることです。ＩｏＴの進化と呼応して破壊的なイノベーションが今後起きると期待されています。

・IPTech

特許に関するテクノロジーです。

・LearningTech

EdTech は教える側の進化ですが、LearningTech は学ぶ側の進化を指します。

・LegalTech

法律（Legal）との融合で、ＩＣＴを利用した法律関連サービスを指します。インターネットを介しての士業への無料相談やマッチングサービスのサイトはもちろん、企業間の契約をクラウドサービスで認証、取引先や事務所員などと専用アプリでチャットできるサービスなどもLegalTechに含まれます。

・LivingTech

暮らしや生活空間に関わるテクノロジーの進化を指します。生活空間の温度や湿度に関する最近の研究では、18度以上で暮らしている人と18度未満で暮らしている人では寿命が変わるというデータもあります。こうした最新の研究成果とテクノロジーの掛け合わせで、より快適で安全な生活を目指します。

・LogiTech

ロジスティクス（Logistics）のことで、原材料調達から生産・販売にいたるまでの物流やそれを管理する過程を、テクノロジーを活用して行います。

・LoveTech

アメリカでは、パートナーを結びつける方法にもＡＩが活用されています。個々人のパーソナルデータをＡＩが多方面から判断し、マッチングするのです。このサービスはビジネスとしても成長中で、日本でもアメリカのビジネスモデルを追従するサービスが登場しています。

・MarTech

企業がマーケティング活動にＩＣＴを取り入れることで、効率的で効果的なビジネスを展開できるようにすること。広告がマーケティングの一分野であるように、AdTechもMarTechの一分野になっています。

MarTechでは販売促進や顧客との関係構築など、マーケティングで必要となるさまざまな分野へ展開するためのデータの取得や活用にＩＣＴを利用しています。

・MedTech

医療分野でのＩＣＴの活用。医療は早くから先進的な技術を取り入れる傾向にありますが、診断機器、治療機器など電子制御技術をベースとする医療機器とＩＣＴを組み合わせて、製品やサービスを提供する領域をMedTechと呼んでいます。

日本をはじめ世界各国で高齢化社会が進む一方、医療専門職の慢性的な不足が続いており、MedTechが医療プロセスの効率化、自動化を推進すると期待されています。

また、手術ロボットなども大きな成長力を潜在的に持つと思われます。

・NeuroTech

神経科学とテクノロジーの融合でBrainTechとも関連します。

・OfficeTech

LivingTechのオフィスでの活用です。

・PeopleTech

テクノロジーによって人の可能性を広げ、一人ひとりの能力を高めていきます。

・PoliTech

政治（Politics）との融合です。衆議院議員の小泉進次郎さんは「政治にもテクノロジーが必要。政治家が出す政策と、過去の政策のデータをＡＩが分析して出した政策のどちらが優秀かを検討すべき」と発言しています。

・PowerTech

電力に関するテクノロジーです。

・PropTech

不動産を財産（Property）として管理・運営し、収益の最大化を図る業務をプロパティマネジメントと言いますが、PropTechはそれにテクノロジーを融合させて一層の効率化を目指します。

・PRTech

企業や団体等が望ましいイメージなどを多くの人々に知らせる広報活動であるＰＲ（Public Relations）をテクノロジーを活用して、より効率的に展開することを指します。

・RETech

REとはReal Estate（不動産）のこと。インターネットをはじめ、ＩｏＴやＡＩ、ビッグデータ、ＡＲやＶＲなどの最新テクノロジーを使い、不動産分野のあらゆる不便を解決しようという動きのことです。PropTechと類似する部分もありますが、

RETechは不動産に関わるすべての分野が含まれます。

RETechが発展している背景には、不動産分野はアナログな業務が多いことや、不動産業務の不透明性・流動性の低さの問題の存在が指摘できます。また、不動産業者にしか閲覧できない情報も存在し、消費者との「情報格差」が長年の課題とされてきました。ＩＣＴの発展にともない、こうした不便な部分を解決する動きが活発になっています。

・RegTech

規制（Regulation）との融合で、おもに最新のＩＣＴを活用して複雑化・高度化が進む金融規制に対応する金融ＩＣＴソリューションを指します。

・RetailTech

小売（Retail）との融合で、小売や物流・倉庫などの流通関係にＩＣＴを導入することを指します。物流業界では、もともと効率的な配送や再配達システムなどで高度な技術が使われていましたが、ビッグデータやＡＩなど最新のテクノロジーを取り入れ、さらなるサービスを生み出しています。

最近、普及しつつあるＬＩＮＥを使用しての再配達や荷物状況確認などのサービスもその一例です。

・RoboTech

ロボットに関するテクノロジーです。

・SalesTech

営業（Sales）との融合で、最先端のＩＣＴを活用してさまざまな営業活動を効率化する手法を指します。

・SeniorTech

高齢者に関係する分野とテクノロジーの融合です。

・SleepTech

睡眠（Sleep）との融合で、例えば睡眠センサーの活用により、快眠をサポートするアプリや睡眠パターンを分析する技術によって睡眠の改善を図ることなどがあります。

SleepTechに関しては、アメリカ各地で毎年開催される家電製品中心の見本市であるCESでも多数の企業が出展しています。腕時計型だけでなく、ベッドセンサーなどを用いた精度の高いセンシングによって睡眠だけでなく、その他の健康関連情報を組み合わせるサービスも導入されつつあります。

特に日本においては、「健康経営」の文脈から企業向けにサービスを行うビジネスが注目を集めています。

・SpaceTech

宇宙に関するテクノロジーです。

・SporTech

ICTを活用することでスポーツの新たな付加価値を創造したり、従来とは異なるビジネスモデルを実現したりするソリューションを指します。

リストバンドや腕時計で個人の活動量や心拍数などを測定したり、チームや個人のパフォーマンスを数値化してシステムで管理するなど、スポーツに関わるさまざまな場面でICTが活用され始めています。

・TalentTech

HRTechに類似していますが、人材のことをTalent（タレント）と呼ぶところもあります。

・TeachingTech

EdTechに類似しています。

・TextileTech

繊維製品に関するテクノロジーを指します。

・TransTech

これは最近盛りあがりつつあるもので、人間の最大能力の発揮を可能にするようなテクノロジーを使って、人間の限界を超える欲求を実現しようという動きです。

・TravelTech

旅行とテクノロジーを融合させていきます。

・VideoTech

映像×ＡＩの技術全般を指すものであり、これはスマホで簡単に映像が作成できるようになったことに端を発しています。ここで言う「映像」の幅は非常に広く、企業のニュースをビデオリリースする「NewsTV」のようなものや、人事の領域においては、映像による面接で応募者のさまざまな情報を読み取る「HireVue」などのツールも存在します。また最近では、映像コンテンツをＡＩで自動作成するツールなども出てきており、映像×ＡＩの観点でのさまざまな応用が可能となってきています。

・WaterTech

現在、水は全世界的な社会問題になっています。世界には水が汚くて飲めない国や地域が多くあり、汚い水を浄化することが大きな問題になっています。ＡＩを活用することで水の浄化が効率化され、コストを下げることも可能になります。

以上、アルファベット順に簡単に紹介しましたが、新しいX-Techビジネスが次々に登場する状況で、まだ分類基準は明確にはありません。

ただ、それらを大まかに「人に関するテック」「物に関するテック」「社会・企業に関するテック」に分けることができます。

そこで本書では、それぞれのX-Techが何を変革するのかに着目することで、「生活が変わるX-Tech」「会社が変わるX-Tech」「人間を変えるX-Tech」の3カテゴリーに分類し、次章からカテゴリーの最前線を解説していきます。

	生活が変わる				会社が変わる		人間が変わる
A	AirTech	G	GovTech	A	AccountTech	A	AgingTech
	AutoTech	H	HospitalTech		AdTech	B	BrainTech
B	BabyTech	I	InfraTech	C	CareTech	D	DentalTech
	BeautyTech		InsureTech	H	HRTech®	H	HealthTech
C	CivicTech	L	LivingTech	I	IPTech		HumanTech
	CosmeTech	M	MarineTech	L	LegalTech	I	InnovationTech
	CreditTech		MedTech		LogiTech	L	LearningTech
	CuisineTech	P	PowerTech		LoveTech	N	NeuroTech
	CurriculumTech		PropTech	M	MarTech	P	PoliTech
E	EdTech	R	RetailTech	O	OfficeTech		PsycoTech
	ElectionTech	S	SeniorTech	P	PeopleTech®	S	SleepTech
	EnergyTech		SpaceTech		PRTech		SportTech
F	FashionTech	T	TextileTech	R	RegTech	T	TeachingTech
	FinTech		TravelTech		RoboTech		TransTech
	FlexTech	V	VideoTech	S	SalesTech		
	FoodTech	W	WaterTech	T	TATech		
					TalentTech		

第3章
X-Techで「生活」が変わる

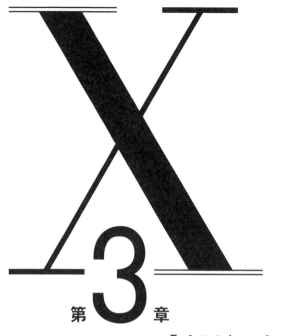

X-Techは
スマホからやって来る

「X-Techで生活が変わる」とは、具体的に何がどう変わるのでしょうか。

それを象徴するのは、スマホと言えます。毎日の生活で、もはやスマホを片時も手離せない人もいるかもしれません。朝起きると最初に手に取るのがスマホで、メールを確認することから1日が始まる人も多いでしょう。

メールの送受信、ネットの閲覧と検索、写真の撮影・加工・管理、SNS、動画、音楽……スマホの利用方法は増える一方です。ワードやエクセルで作業をする人もいるでしょう。

2019年10月、消費税率が上がった際にはスマホを使った電子決済によるポイント還元が実施されましたが、これもFinTechが私たちの生活を変えていく一例です。

生活する上で大切なお金とのつき合い方を変えていくFinTechをはじめ、生活に不可欠な水に関するWaterTech、食に関するFoodTechとAgriTech、交通インフラのあり方を変えるAutoTech、そして未来を担う子どもたちの教育を変革するEdTech

を、この章では紹介します。

X-Techが私たちの衣食住をどのように変えていくのか、その一端が見えてくるはずです。

FinTech——革命的な金融サービスが次々に生み出される

●家計簿管理アプリで「家計の見える化」ができる

Finance（金融）とテクノロジーの組み合わせであるFinTechの歴史を見ると、その最初は銀行のATMになります。ATMは専用回線を使ったクローズド（閉じられた）のネットワークでしたが、その後、インターネットの普及により開かれたネットワークにつながったことで、FinTechは日々進化を遂げています。

FinTechのサービスが人々の生活を変える例としては、マネーフォワードなどの「家計簿管理」のアプリがあります。このアプリは、自分の使ったお金の分析をAIが自動的に行うサービスを提供しています。「家計の見える化」と言うこともできます。

今ではインターネットバンキングを利用する人が多くなっています。ネットバンキングのIDとパスワードをスマホにダウンロードしたアプリに登録すると、クレジットカードなどを使った際や自動引き落としの光熱費などは、その口座から引き落とされた金額がアプリのデータと自動的に連携されます。例えば電気やガス、水道代などは、「水道・光熱費」として毎月集計されていきます。

他にも食事代や洋服代、書籍代などは、はじめにその店を使ったときにカテゴリーに分けることで、以降は自動的にそのカテゴリーに分類されます。ユニクロであれば「衣類・美容」、シネコンの入場料であれば「趣味・娯楽」に分けられて、毎月集計してくれます。

カテゴリーには、他に「食費」「交通費」「日用品」「交際費」「通信費」などがあります。

そして前月と比較し、お金の使い方に関して、例えば「今月は洋服費が多くなっています」などのアドバイスが提供されます。

クレジットカードや電子マネー、自動引き落としなどは自動的にデータが集計されます。現金で支払った場合はスマホでレシートの写真を撮り、それをアプリに読み込ませると、金額と店の名前が表示されます。

スーパーでサンドイッチを買ったのであれば、金額と店の名前が正しく読み込まれているかを確認し、間違っている場合は自分で修正します。そして、カテゴリーを「食費」にして登録すると、他の食費と合算されます。

家計簿をつけようと年の初めに買ってきても結局は続かない人でも、アプリを活用した家計簿管理であれば、簡単に続けることができるかもしれません。

現金の場合はレシートの写真を撮る必要がありますが、クレジットカードや電子マネーであればその手間も不要です。すべてが自動的に行われます。そしてAIを活用して、あなたのお金の使い方の分析まで行ってくれるのです。

アプリには無料と有料のサービスがあり、基本的なサービスは無料で使うことができますが、さらに上位のサービスを活用したい場合は有料になります。料金的には月に数百円程度です。

これまでは何かを買うときに現金で払って、おつりを受け取る行動が主流でしたが、FinTechによりさまざまなサービスが提供されると、現金を扱うことがどんどん減っていきます。

スマホ決済など、ネット上でお金のやり取りが行われることで現金の保管・管理や締め作業などの人件費が削減されて、営業コストが下がります。そして、購買活動のデータが蓄積されることで、新しいビジネスの可能性が見えてきます。

FinTechに関しては、この先、どのような新しいサービスが生まれるのかわからないくらい、日々進化しているのです。

● FinTechで銀行がなくなる!?

Amazonには、会員が購入した履歴情報がどんどんたまっていきます。「誰が、何に、いくらお金を使っているのか」という情報が蓄積されていくと、Amazonのような会社が直接、顧客にお金を融資することも可能になっていきます。

現在、Amazonはすでに出店している企業に対して融資を行うサービスを始めていますが、将来は消費者金融的なサービスの展開も考えているはずです。過去の購入履歴から「この人には、これだけお金を貸しても大丈夫だろう」という判断が、AIによって可能だからです。

つまり、それまで銀行が担っていた機能をAmazonなどの企業が行うようになるわけです。そうなると、銀行の審査部門が担当していた業務が不要になっていきます。すなわち銀行の役割がなくなり、銀行が不要になるわけです。FinTechに関して銀行は、この変化を一番恐れています。

今までは、お金を人から預かり、そのお金を企業や個人に貸せるかどうかを判断してお金を貸し付ける機能を、基本的には銀行が担っていました。しかし、これからは銀行に頼る必要がなくなっていくのです。

クラウドファンディングも、その流れの一環にあります。ある事業を行うにあたり、お金を必要とする人がクラウドファンディングを立ち上げると、それに賛同した個人から資金を集めることが可能になっています。

クラウドファンディングもそうですが、X-Techではマッチングが重要な要素になっています。お金を借りたい人とお金を貸せる人がいます。従来は、それをつなげる存在として信用できるのが銀行でした。

しかし、ネットが発達したことによりAIを活用したプラットフォームを設けることで、個人と個人、企業と企業、個人と企業が直接つながり、公開される情報をベースに自らリスクをとってお金を貸したり借りたりすることも可能になったのです。

「ロボアドバイザー」というサービスもあります。

　これは、資産運用に関するアドバイスやサポートをＡＩが行ってくれるものです。自分に合った投資方法の診断や資産運用プランの提案や分散化実行などのサービスがあります。

　初めにお金や投資に関する質問にいくつか答えると、ＡＩが「あなたに一番ふさわしいポートフォリオはこれです」というアドバイスをしてくれます。手数料が必要な有料のサービスですが、毎月１万円など定額の投資も可能です。

　特徴としては、希望に応じて株や投資信託や国債などを組み合わせたり、日本の金融商品と外国の金融商品を組み合わせたり

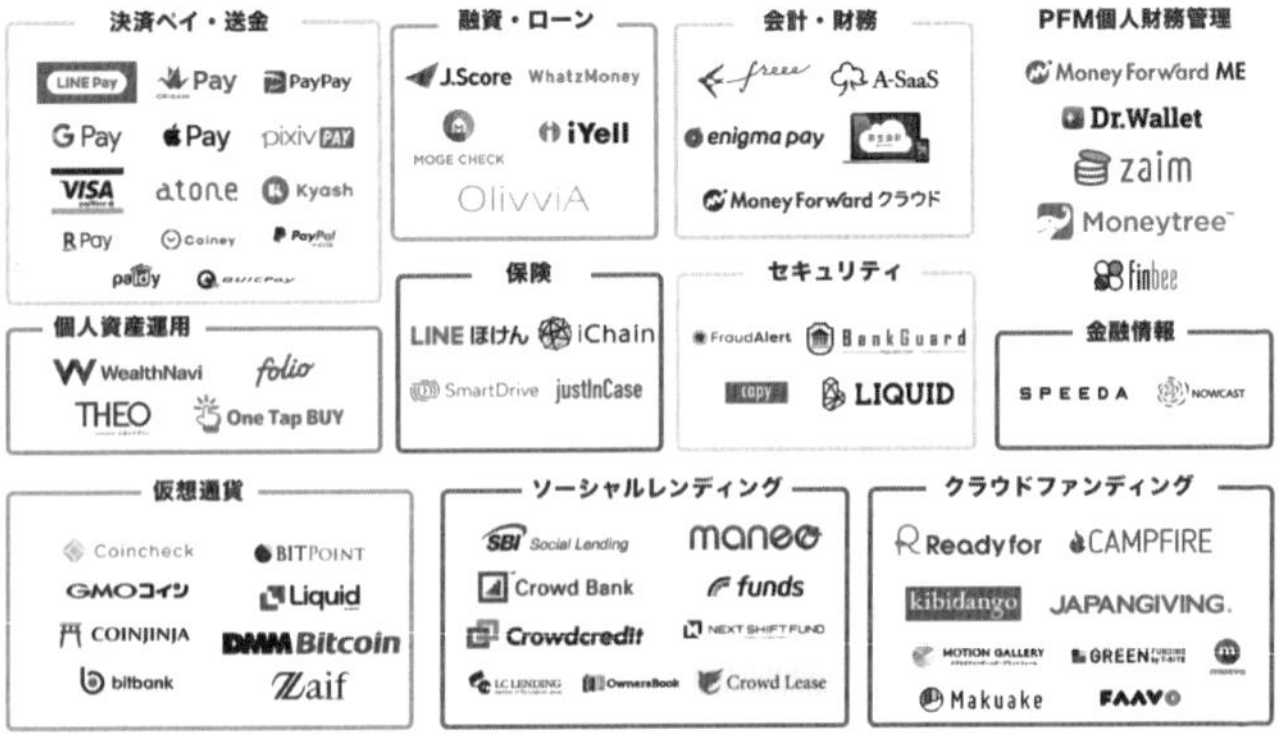

出典元：MAStand　https://mastand.com/money/work/best-fintech-japan/

してくれることですが、その組み合わせをAIが判断しています。

86ページの図は、FinTechに関連するビジネス分野とそれぞれの代表的企業の一覧です。

ソーシャルレンディングは、企業が借りたいお金をたくさんの人から集めるサービスです。貸した人には金利がつき、年利で5％から10％の借入が多くなっています。

WaterTech——
21世紀は水をめぐる争いの世紀になる

●日本でも東大発のスタートアップ企業が登場

かつて世界銀行の副総裁が「20世紀の戦争が石油をめぐって戦われたとすれば、21世紀は水をめぐる争いの世紀になるだろう」と予測したと言います。

現在、世界の水問題は深刻化し、水不足や水汚染、水をめぐる紛争などを合わせた「水の世紀」という言葉も、よく目にするようになっています。
「日本人は水と安全はタダだと思っている」と言われましたが、もはやそうした認識は時代遅れになりました。市町村などが運営する水道事業でも赤字の事業体が増え、水道事業の民営化により水道料金が大幅な値上げになるのでは、という危惧が議論されています。

そうした水問題の課題に対処すべく、日本にもWOTA（ウォータ）という東大発のスタートアップ企業が登場し、注目を集めています。この会社はフィルターをＡＩで制御して、同じ水をシャワーなどで何度でも使えることを可能にしています。ＩＣＴを駆使した水再生システムで、まさにWaterTechそのものです。

複数の浄水フィルターとセンサーを配置して、水をその間で循環させるのですが、水の汚さをセンサーが判断し、汚さの程度に応じた最適なフィルターを通すことが可能になります。その結果、同じ水をシャワーで何回も使うことができるようになるのです。

世界には、水が汚くて飲めない国や地域が多くあります。ＡＩを活用することで、汚い水が浄化されて飲用が可能になり、同時に効率化されればコストも下がります。お金がなくて水を飲むことができない人たちも、水が飲めるようになります。

大規模災害時の断水対策にとどまらず、世界的な水問題への福音となる可能性を秘めたWaterTechになるかもしれません。

水の問題は、海外では日本以上に深刻な国が多数ありますが、水にお金を払う概念を持たない国もたくさんあります。

日本では水道の水に対してお金を払うことが当たり前になっていますが、その概念がないため、日本の水道技術を海外に持って行っても、その技術を買ってくれない国が多いのです。インドでは、今でも川の水を飲んでいる人がいると言います。

そうした現状を踏まえると、水の料金をタダにしてしまい、水が普及することによって人が集まり、いろいろなビジネスが盛んになり、お金がまわるようになるビジネスモデルを考えたほうがいいのでは、というアイデアもあったりします。それほど水でビジネスを成り立つようにするには難しい問題があります。

●WaterTechがSDGsの課題を解決する

WaterTechの方向性としては、既存の施設のメンテナンスのコストを下げることと、装置を効率的に運用することがあげられます。

これまではフィルターなどをどれくらい使えるのかをあまり気にせずに交換したりしていたのですが、それもすべてＡＩでデータを取り、効率的にフィルターを交換することでビジネスとして成り立つようにしていきます。

このようなサービスは、実は産業用途ではすでに実用化されており、例えば発電所のタービンなどはその稼働状況・状態をセンサーで収集し、故障データと合わせて分析することで壊れる前に交換したりしています。

現在、日本の上下水道はかなり大規模な施設で運営されています。その施設から水道管で各家庭が結ばれる形になっています。しかし、大規模な施設は、人口密度が高くないとビジネス的に成り立ちません。そこで人口の少ない国では、分散型で小規模なものになります。

ただし、小規模な施設では大規模な施設と同じような技術を使っているとコストがかかってしまうので、ＡＩなどを活用してデバイスを効率的に運営する必要があります。

水の質などのデータを取ることも可能なので、そのデータをフィードバックしながら行うと、シャワーやトイレの水も50回くらい使いまわすことが可能になると言います。シャワーでシャンプーなどを使っても循環は可能です。この技術は災害時にも大いに役立つでしょう。

こうした視点からもSDGsがテーマにしている社会課題の解決につながり、Water-Techへの関心は世界中で高まっています。

安全な水の確保の面では、水再生技術を持つスタートアップ企業がイスラエルなどで生まれています。

イスラエルは水を作ることを産業化し、今やイスラエルの水消費量の20％が淡水化された「かつての海水」でまかなわれ、２０２０年にはその数字が50％まで上昇すると見込まれています。

●社会的課題の解決には「アクセラレーター」が必要

２００９年に設立されたImagine H2O（イマジン・エイチツーオー）という団体があり、ここには世界中から、水に関するイノベーションのアイデアが集まってくる仕組みができ上がっています。

Imagine H2Oのホームページには、WaterTechの活用で表彰されたスタートアップの事例が紹介されていますが、それらは次のカテゴリーに分かれています。

「DRINKING WATER ACCESS & DELIVERY（飲料水の利用と配給）」
「WATER QUALITY TESTING & DETECTING（水質テストと検出）」
「NETWORK MONITORING & LEAK DETECTION（ネットワークの監視と漏れ検知）」
「WATER & WASTEWATER TREATMENT, RECOVERY & REUSE（水と下水処理、再生と再利用）」
「SOFTWARE, AUTOMATION & ANALYSTICS（ソフトウェア、自動化と分析）」

Imagine H2O のＨＰ：https://www.imagineh2o.org/mission/

スタートアップ企業は、このうちのあるカテゴリーに特化してビジネスを展開したりするので、そうしたスタートアップ企業をつなぐプラットフォームが Imagine H2O になります。そして、Imagine H2O には水関連のビジネスに携わる大手企業のほとんどが投資家として参加して、アクセラレータープログラムを主催しています。

アクセラレーターとは、スタートアップ企業の自由度を確保したまま、ビジネス拡大に焦点を当てた資金投資やノウハウなどのサポートをする組織を指す言葉です。スタートアップ企業のごく初期の段階、まだ儲かるのか儲からないのかわからないようなアイデアに出資してサポートし、1年や2年などの期間を定め、そこを卒業したらスタートアップキャピタルなどから資金を集めます。

以前、同じような役割を果たす存在としてインキュベーターがありました。インキュベーターは設備を提供するだけでしたが、アクセラレーターは資金面もサポートします。さらに経営のアドバイスをします。それが、インキュベーターとアクセラレーターの違いです。

日本では、パナソニックが渋谷に同様の施設を作っています（100BANCH、パナソニック、ロフトワーク、カフェ・カンパニーの3社が手を組んでいる）。100BANCHは、学生がサークルの延長で作ったビジネスもサポートしています。

SDGsの社会課題を解決しようとした場合、すぐビジネスにはつながらないケースも多くあります。そこでビジネスとして立ち上げるためには、アクセラレーターのような仕組みが必要となります。水の領域ではImagine H2Oがその役割を果たしています。

Imagine H2O自体は非営利で運営されていますが、水に関する最新情報がすべて集まってくるため、水に関わるトップ企業がImagine H2Oに資金を提供しています。そして、さまざまなアイデアを持つスタートアップ企業が多く集まっています。今では大企業とスタートアップ企業をつなぐプラットフォームになっているわけです。

まだビジネスとして成り立たない初期段階では Imagine H2O がサポートし、メディアなどへの露出にも協力するので、そのアイデアを面白いと思った人が世界中から声をかけてくれます。これによりイノベーションが加速されるわけです。

そして、お金がまわる仕組みができれば、資金調達をしていくことになります。SDGs のような社会的課題を解決する場合は、その初期の段階ではアクセラレーターが必要なのです。

スタートアップ企業を立ち上げる際には、アクセラレーターがビジネスを立ち上げる場所とお金とノウハウを提供してくれます。

アイデアさえあればビジネスを立ち上げられる可能性は高まり、しかもそこにはいろいろな人や企業が集まってくるので、協力し合うことで、より大きなビジネスとなる可能性が高まるわけです。

こうして若い人と既存の企業とのマッチングが可能性になり、X-Tech はさらに進化をしていくことになります。しかも、そのスピードはどんどん速くなっています。

また、オープン・イノベーションで社会に対して情報を求める企業も増えています。オープン・イノベーションとは、社内だけでなく社外にも新しい技術やアイデアを求め、革新的な新製品やサービス、あるいはビジネスモデルを開発することです。

大企業とスタートアップ企業による共同研究だけでなく、産学官が連携したプロジェクトや異業種交流プロジェクトなども活発に行われています。もはや内製にこだわる旧態依然とした経営方針では、企業としての存続が難しい時代を迎えているのです。

FoodTech――人工肉（代替肉）の研究開発が進んでいる

●世界中で注目が高まる「代替肉」

FoodTechに関しては、植物性タンパク質を用いた「代替肉」が一番大きなテーマになっています。

世界的な社会課題として食料問題が大きな注目を集めていること、また欧米など先進国を中心に健康志向が高まっていること、さらに家畜によるCO_2の増大を抑制できることがその背景にあります。

FoodTechには、上流から下流までさまざまな側面があります。

上流は食料の素材で、次に紹介するAgriTechと重なる部分もあります。

上流から順番に「素材（代替食品）」→「食品加工（鮮度維持）」→「調理（調理ロボット）」→「流通販売（デリバリーサプリクション／店舗販売・ポップアップストア）」という流れがFoodTechの全体像になります。

このうち一番注目を集めているのが「素材」です。

例えば、これまで人は牧場で飼われている牛や豚からタンパク質を摂取していまし

FoodTechの全体像

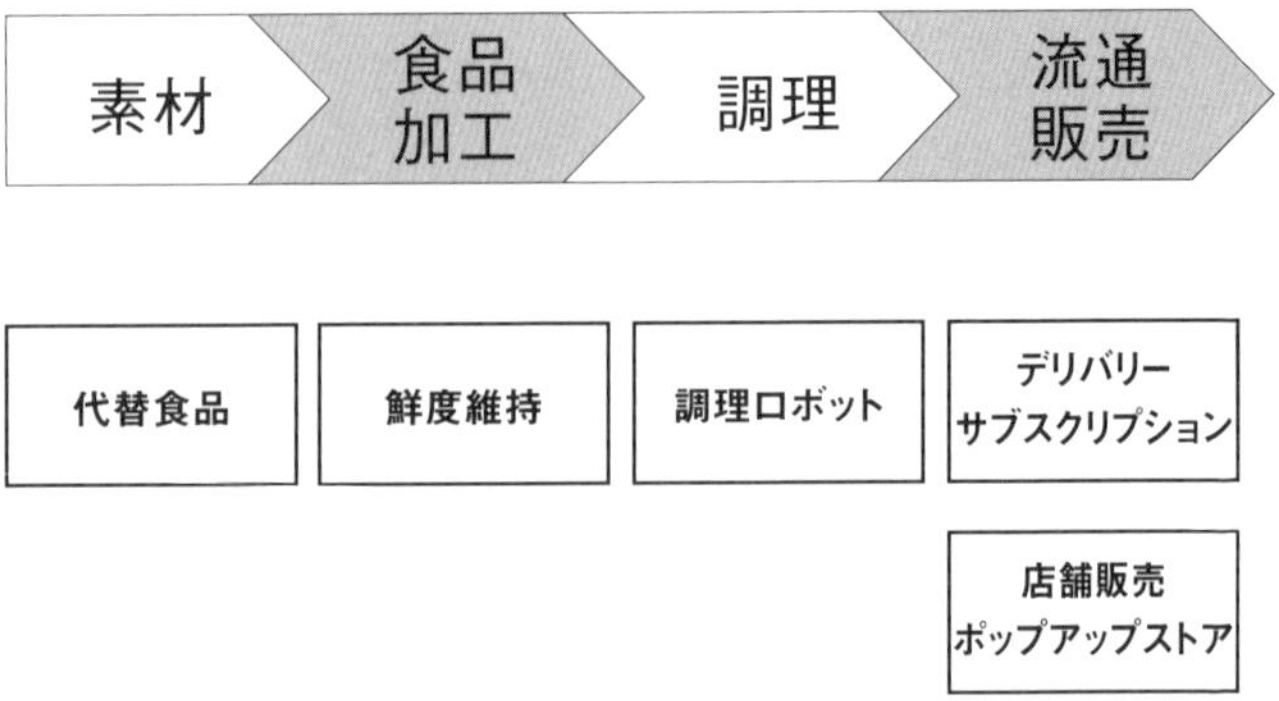

たが、今後は人工的に作られた肉（代替肉）からタンパク質を取る流れが生まれつつあります。すなわち、代替肉と呼ばれる植物性タンパク質への注目が高まっているのです。

この分野で現在、一番の大手企業は２００９年に設立されたアメリカのビヨンドミート社で、２０１９年にはナスダックへの上場も果たしています。

同じく代替肉製造に携わるインポッシブル・フーズ社も２０１９年に3億ドルもの資金調達に成功しています。

アメリカでの代替肉市場は、２０３５年までに１０００億ドル規模に成長すると見られています。日本ではまだ馴染みのない領域ですが、世界的には注目が高まっています。ビル・ゲイツやレオナルド・ディカプリオもビヨンドミート社に出資しています。

代替肉あるいは植物性肉と言われると、普通の肉と比べると味がずいぶん劣るのではないかという印象を受けるかもしれません。

しかし、実際には普通の肉と遜色のないレベルの味になってきていると言います。「何も知らずに食べると代替肉とはわからない」「普通の肉と代替肉の区別はつかない」という声もあります。

代替肉は大豆やエンドウ豆などの豆類から作られます。価格的にはまだ普通の肉よりも少し高めですが、徐々に下がってきています。見た目や食感が肉に似ていることから「人工肉」とも呼ばれています。

肉は一切使われていないので、完全菜食主義者のヴィーガンのニーズにも対応できます。

●日本でも「代替肉」の販売が始まっている

アメリカのマクドナルドでは、ビヨンドミート社が開発した代替肉を使用したハンバーガーをカナダの店舗で試験販売することを発表しています。

バーガーキングも2019年8月にインポッシブル・フーズ社と提携して「インポッシブル・ワッパー」の販売を全米で開始しました。米ケンタッキーフライドチキンも、ビヨンドミート社が提供する植物由来の代替肉を使ったフライドチキンを発表し、テスト販売を始めています。

日本でも関心は高まっており、2019年11月2日の朝日新聞夕刊1面に「だいたい、肉？　バーガー、ソーセージ…広がる植物由来」という見出しで記事が掲載されました。

記事には、大豆が原料の大塚食品が開発したチルド食品の「ゼロミート（お肉不使用のハンバーグ）」、モスバーガーが販売中の「ソイモスバーガー」、イケア・ジャパンが店内の軽食コーナーで販売している「ベジドッグ」など、日本での販売例が紹介されています。

今後は普段、何気なく食べる肉も、もしかしたら代替肉になっていくかもしれません。

FoodTechの領域では、この代替肉がビジネスとしては一番注目が集まっています。生産規模が拡大すればコストも下がり、一気にマーケットが広がることが予測されています。

FoodTechには、他に調理ロボットや配送・食材廃棄の管理などの分野もあり、FoodTechは、それらの食品産業向けの領域と、代替肉など一般消費者向けの領域が含まれます。ただし市場規模の面からも、ビジネス的には代替肉など一般消費者向けの領域に注目が集まっています。

AgriTech——
「おいしさの見える化」と農業の効率化が進む

●AIの活用で「おいしさの見える化」

AgriTechは、データ処理の手法を研究するデータサイエンスの恩恵を一番受けている分野です。FinTechやHealthTechなど、さまざまな分野でデータ処理に関する研究開発が行われ、実際に新しいテクノロジーがビジネスに活用されていきます。

そして、そうした新しいテクノロジーがAgriTechに使われるときには、もはや最新の技術ではなく、いわば枯れた技術になっています。その結果、運用コストが大幅に下がっているため、そのテクノロジーの導入が容易になります。

以前は、農業の分野に最新のテクノロジーを導入することはビジネスとして成り立たなかったのですが、今では収益性が成り立ち、いろいろなAgriTechが登場しています。

農業スタートアップと山形大学などが、共同でＡＩを活用した農産物のおいしさを解析するシステムを開発しています。

これは「おいしさの見える化」で、農産物を撮影してアプリからクラウドに送信すると、ＡＩが蓄積されたデータと照らし合わせて、甘味やうま味など5項目でおいしさを判定します。対応する農産物はトマトやサクランボ、キャベツなど16種類で、拡大を検討中です。

このシステムによっておいしさが保証されることで、農産物の適正な価格形成や農業所得の向上が期待されています。

AgriTechの活用法として、製造現場で使われているＡＩなどをそのまま農業のサプライチェーンに適用することで、極めてローコストで導入が可能になります。トラクターにＡＩを導入することも、自動運転で使われる技術の導入によりローコストで可能なのです。

これらは、すでに他の分野で開発されたＡＩの技術を農業用にアレンジするだけで済むため、開発コストがほとんどかかりません。

農産物のでき上がり、大きさや形や色などをＡＩで判断するときも、他の分野で使われている画像判断の技術を使うことができます。画像判断に関しては、工業製品であろうと農産物であろうと使われる技術に違いはないからです。

AutoTech――完全自動運転には「5G」が不可欠

●すべての移動手段を1つのアプリで管理する

AutoTechの分野にもいろいろなテクノロジーがありますが、最近、一番注目を集めているのはやはり自動運転です。

ただし、AutoTechとしての自動運転で注目すべき点は、自動運転が技術開発のゴールではなく、その先には「MaaS＝Mobility as a Service（モビリティ・アズ・ア・サービス）」という概念が存在することです。これはすべてのモビリティ＝移動手段を同じプラットフォーム上で管理しようとする概念です。

例えばA地点からB地点に行こうとする場合、1つのアプリを起動することで、バスや地下鉄などの公共機関、あるいはタクシーなどが同じプラットフォームでつながっていて、A地点からB地点に行くためのすべての情報をキャッチすることが可能になります。しかも、ルート検索や交通機関の予約、さらには支払いの決済もすべて行うことができます。

MaaSは、すべての移動手段をこのように1つのアプリで管理することを目指しています。フィンランドではすでにこのようなサービスが始まっており、今後はどんどん加速していきます。2050年にはすべての移動手段がつながって、1つのプラットフォームで管理し、みんながそれを使える社会になることを目指しています。

これが実現すると、日常生活はかなり大きな変化を遂げることになるでしょう。

●部品メーカーが自動車業界の主役になれるチャンス

現在、AutoTechに関連するテクノロジーの中で技術的に一番難しく、競争が激化しているのが自動運転です。自動運転技術にはさまざまなテクノロジーが用いられますが、中でも存在感を強めているのが「地図」に関する技術だからです。

自動運転と言えば、車載カメラによる車間調整が頭に浮かぶ人も多いかもしれませんが、完全自動運転に向けては、車載カメラはもちろん、人工衛星で位置情報を正確に把握することも重要となってきます。

そこで、特に重要となってくるのが「5G」です。人工衛星による位置情報をハイスピードで、しかも高精度で感知するため、車両同士の車間、車両と道路などのインフラとの通信技術の発達が不可欠となります。

日本においてもソフトバンクが5Gの活用に積極的で、実際に5Gを用いた隊列走行の実証実験を行っています。

自動運転の実現に際して5Gと並んで重要な技術になるのが、やはり車載カメラです。その技術に関して注目されているのが、画像処理技術を持つアメリカの半導体メーカーのNVIDIA（エヌヴィディア）などです。自動運転に関してはアメリカやドイツが少し先を走っている感じですが、世界各国がしのぎを削っている状態にあります。


また、自動運転が進化してくると、自動車に使われる部品もかなり変わってきます。

従来、日本の自動車産業では、部品製造のメーカーは自動車メーカーの下請けとしてピラミッド構造が作られ、メーカーによる系列分けもはっきりしていました。トヨタ系列の部品会社、あるいは日産系列の部品会社として、色分けがなされていました。

しかし、AutoTechにより自動運転が進化すると、このピラミッド構造も変化していくでしょう。

例えば、ある部品メーカーが自動運転に関する重要な部品を新たに開発すると、従来はトヨタ系列であればトヨタにしか製品を卸すことができなかったのですが、その部品を他の大手メーカーも欲しいということが世界規模で起こってきます。

つまり、これまで自動車メーカーが主役であった世界に、部品メーカーが主役になれるチャンスが生まれてきたのです。特に欧米ではその傾向が顕著で、ドイツのボッシュやアメリカのインテルなど、これまで自動車とは縁のなかった企業が自動運転では存在感を増しています。

日本では、過疎対策とドライバー不足による物流問題の面から自動運転に取り組んでいますが、それ以外の目的ではなかなか認められない状況にあります。

また、自動的に車間距離を守る技術や自動追従の技術もかなり進化しています。日本でも、高速道路でのハンズフリー運転の実現も近づいています。

これまで自動車というと自動車メーカーが作るものでした。しかし、自動運転に関する技術を持っている企業が集まって作る時代に変わっていきます。今後、自動車業界の構造は大きな変化を迎えることになるでしょう。

日本において、自動車産業は「大規模製造業の最後の砦」とも言われています。その自動車産業に変化が迫られることは、すなわち、製造業のあり方に大きな変化がもたらされるかもしれません。

●「オンデマンド交通」という課題

日本では、高齢者のドライバーによる交通事故が大きな社会問題になっています。政府は高齢者への免許証の返納を呼びかけていますが、これだけでは、車が不可欠な過疎地の現状に対処することはできません。したがって、自動運転は早急に求められているテクノロジーと言えます。

路線バスの廃止や、車の運転をあきらめた高齢者の増加などによる、交通困難者への対応としては「オンデマンド交通」も提案されています。

これは、予約があったときにだけ運行する公共交通です。小型の車両で利用者の要望に応じ、そのつど運行ルートやダイヤを設定して乗り合いで運行される方法です。

東日本大震災後、釜石でこのオンデマンド交通の実験が行われました。スマホなどで「○時□分に駅に着くので迎えに来てほしい」と連絡を入れると、ミニバスが駅に迎えに来てくれるサービスです。

地方では、お金の面からもなかなかタクシーを呼ぶことができなかったりしますが、こうしたオンデマンド交通の問題も、AutoTechが取り組むべき課題となります。

EdTech――
「学ぶ側の能力をいかに伸ばすか」が重要になる

●日本の公立小中高では、テクノロジーの活用が遅れている

教育とテクノロジーの融合であるEdTechには、企業向けの研修も含まれることからLearningTechと呼ばれることもあります。

EdTechに関して、日本でも新しいテクノロジーやサービスがいろいろと登場していますが、率直に言って、他の国に比べて日本の現状は遅れています。特に遅れているのは、公立の小中高校でのEdTechの導入です。公立学校の現場での動きは極めて鈍いのが現実です。

企業の動きと比べてもかなり鈍くなっています。教育現場でのテクノロジーの活用に関しては、韓国と比べても日本はかなり遅れていると言っていいでしょう。

ただし、塾と私立の学校には進んでいるところもあり、私立の学校の中にはテクノロジーをどんどん導入し、アメリカと同様に進んでいるところもあります。

教育産業と総称した場合、日本での市場規模としては年間30兆円近くありますが、実は、そのうち十数兆円は小中校の先生たちの人件費なのです。塾の市場規模は1兆円程度にすぎません。そう考えると、EdTechが進んでいる部分はマーケット全体の1割程度だと言えます。

ＩＣＴの活用で先生たちの残業時間の削減は可能だと思われますが、現実問題として、そうした動きに対する現場の抵抗はかなり大きいものがあります。

以前は、添削指導による通信教育は紙のやり取りで行われていました。しかし、現在ではパソコンやタブレットを使用したネットでのやり取りがメインに変わってきています。これもEdTechの一環と言えます。

ところが、学校でのテストは依然としてほとんどの場合で紙が使われています。これが日本の教育の現状です。

学校で使われる教材は教科書をはじめ、紙に印刷されたものがほとんどでしたが、最近はタブレットの導入も進んでいます。実はタブレットの導入に関しては、法律の整備の問題もからんできます。

例えば、紙の内容をデジタルに変換すると、関連する内容のコンテンツを簡単に組み込むことができるようになります。その際、紙の教材であればコンテンツに対して著作権を払うことで掲載が可能になります。

しかし、タブレットに組み込むコンテンツに関しては、著作権に関する法律の整備が進みつつありますが、現場の先生たちに著作権に関する知識が十分ではないこともあり、まだスムーズに導入が進められる段階にはありません。

EdTechでは、先生の側もネット上にあるコンテンツに対する著作権をしっかり理解した上で、子どもたちへの著作権に対する教育も必要になります。しかし現実には、教育現場では著作権に関する意識がまだまだ不足しています。

また、通信環境の問題もあります。学校には防災向けの無線LANはあるのですが、用途が違うという理由で、これを教育向けには使うことができません。

このようにいかにもお役所的な対応が、日本の教育現場にはいろいろと残っているのです。

●学び手が主体となる「ラーナー・セントリック」へ

世界に目を向けると、アメリカや中国ではEdTechに関係する巨大なスタートアップ企業が上場を果たしたりしています。例えば、教材はすべてICTとなり、スマホやタブレットを活用しています。

その結果、誰がどの程度、学習内容を理解しているのか、先生は一瞬にして手元ですべてわかるようになります。対面で授業を行っていると、生徒一人ひとりの理解度を測ることは難しいのですが、その問題はもはや存在しません。

先生が質問をすると、生徒はタブレットで答えを返してきます。したがって、誰が理解して、誰が理解していないのかが、すぐに把握できます。

EdTechで、何が変わるのでしょうか。

教育現場での一番の変革は「ラーナー・セントリック（Lerner Centric）」になります。これは「学び手が主体となる」ということです。

今まで日本では教育という言葉に象徴されるように、教える側が主体になっていました。それが、学ぶ側が主体に変わるのです。テクノロジーを活用したEdTechは「学習者主体」なのです。

学校で、ある「単元」を学ぶ場合、生徒がどこでつまずくことが多いのか、AIによってデータ分析がなされているので、個々人に合ったレコメンドが可能になります。

例えば、算数が不得意な子どもには「算数を学ばせる前に国語を学ばせるべき」とレコメンドがなされます。算数が不得意な理由は、文章の読解力が不足しているため、教科書の内容を理解できないからです。

どの単元をどの順番に並ぶと学習効果が一番高くなるか。そうしたことをテクノロジーで分析することが可能になっています。ただし、日本にこれが導入されると、文部科学省の学習指導要領とは何かが問われてしまいます。

こうした問題もからんでくることもあり、日本ではEdTechの導入がなかなか進みません。それでも学習指導要領は5年ごとに改定されるので、テクノロジーを使う方向に動きつつあります。

●EdTechで教師の役割も変わる

EdTechの進化により、「教育とは何か、どのように教えるのか」を根本から考え直す時期に来ているのかもしれません。すなわち、先生が一方的に教えるのではなく、学ぶ側の能力をいかに伸ばすかに着目すべきだと考えます。

中国やアメリカや韓国の現状を見ると、テクノロジーを活用したほうが圧倒的に教育効果は高まります。子どもたちはスマホやタブレットを使って自力でどんどん勉強していきます。その結果、「学校で何を教えるのか」が問題になり、極端な場合、学校に行く必要はないケースも生まれています。

学習者主体で勉強していくと、できる子どもはどんどん伸びていくので飛び級も当たり前になります。

つまり現在、教育に関しては、教える側にもパラダイムシフトが求められているのです。先生は子どもたちの上に立って教えるのではなく、学ぶ子どもたちをサポートする立場になっていく必要があります。

そして先生の一番の役割は、子どもたちのモチベーションの維持向上になるかもしれません。そうなると、日本では教員を養成する大学の教育学部のあり方から考え直す必要が出てきます。

やる気のない子にやる気を出させるのが教師の役割で、国全体の学力の底上げを担うのが教師の役割となっていくかもしれません。

また、貧困で教育の機会に恵まれない子どもたちに対して、EdTechは大きな恩恵をもたらします。スマホがあれば、自力で勉強ができるからです。

以前は、途上国の子どもたちへの教育支援のため、学校を建てるお金を寄付したりする活動が行われました。しかし、今ではスマホやタブレットの提供により、低予算でも大きな効果が期待できます。

東南アジア諸国でも、EdTechはどんどん広がっています。EdTechは途上国の教育水準を上げることに大いに役立っているのです。

ただし、やる気のある子はどんどん学力を伸ばすことができますが、やる気のない子は落ちこぼれていく現実があります。

つまり、やる気のある子とやる気のない子の差は大きくなっていきます。その結果、教育の面でも二極化の拡大が生まれてくる可能性も否定できません。

第4章
X-Techで「会社」が変わる

X-Techから見えてくる会社の未来像

「X-Techで会社が変わる」には、2つの方向性があります。

1つは、テクノロジーの進化により、現在あなたの会社が展開しているビジネスモデルに対して変化が迫られる側面です。それはビジネスモデルのあり方に根本からの見直しが必要なケースも考えられますし、あるいは人手不足の問題に対してロボットなどの活用で効率化を図るようなケースもあるでしょう。

その具体例としてこの章では、ネット社会以前には存在しなかったネット広告に関するAdTech、介護士の人手不足問題の解決に貢献するCareTech、物流のあり方を変革するLogiTechを紹介します。

そしてもう1つが、会社内の部署や組織のあり方が変わる側面です。この方向ではHRTechが重要な役割を果たします。

従来、総務・経理・人事などの間接部門は、業務の遂行上、会社に不可欠な部署とされてきました。しかし、HRTechがそれらの部署が担っていた仕事の多くをアウトソーシング可能にし、新たな役割を担う部署への変化を迫っているのです。

HRTechのもたらす未来像から、X-Techが会社をどのように変えていくのかが見えてくるはずです。

AdTech――最適なターゲットに、最適なタイミングでの広告が可能になる

●AIでネット広告は進化する

従来は広告と言えば、テレビやラジオ、新聞、交通広告などがおもな媒体でした。しかし、インターネットの普及にともない、「ネット広告」という新しい広告媒体が生まれてきました。

従来の広告とネット広告の大きな違いは、広告効果が数値でわかることです。

広告料金も「クリックされるたびに広告費が発生する」「リンクからの購入のたびに広告費が発生する」というように、広告効果に応じて広告宣伝費が高くなります。これ

らの点が従来型の広告との相違点になります。

AdTechに関しては、ネット広告を最適化するツールなどが続々と登場しています。広告とは、広告を出したい人がいて、その一方で広告スペースを売る人がいます。ネット広告では、キーワード検索で頻繁に検索されるキーワードが株式市場のようにマーケット化されています。

つまり、広告を出す側が希望するキーワードに基づき、一番安くて効果的な広告方法をAIが考えて、クライアントに提案する方向に進んでいます。

ネット広告には、ネット広告専門の代理店もあります。それらの代理店が「広告を出しませんか」と企業への営業をかけたりもしますが、アメリカで見られるように、現在はさらに進んだ形になっています。

最適なネット広告を打てるソフトウェアを購入すれば、自力である程度、どこに広告を出すかを決めることも可能なのです。

●テレビ、タクシー、採用……AdTechの活用例

テレビでは番組の視聴率は公表されますが、広告効果に関しては判然としませんでした。

これが、テレビＣＭに関してデータを取ろうという動き出てきています。テレビにカメラを取り付けて、視聴者がテレビを注視しているのか、あるいはテレビの前に人がいるのかなどを判断し、視聴率だけではなく視聴の質も調べる動きも始まっているのです。

例えば、朝は時計代わりにテレビをつけている家庭が多く、朝の情報番組の視聴率は比較的高くなっています。ただし、テレビをちゃんと観ている人の数は決して多いわけではありません。皆さんも経験があると思いますが、朝の準備をしながらテレビの音声を聞いているだけだったりします。

そこで、テレビにどれだけ目線が向いているのかを測ろうというわけです。誰が見ているのか、大人なのか子どもなのかを特定する動きもあります。

また、東芝のテレビの一部にはカメラが付いており、インターネットにつながっていれば視聴者のデータを取ることが可能になっています。

「東芝の視聴データでは、放送中番組のライブ視聴だけでなく、録画やタイムシフトマシン（全録機能）で録りためた番組の再生視聴まで把握できます。ライブ視聴と録画再生視聴を横並びで分析することで、効率の良いＣＭ出稿枠を把握したり、隠れた人気番組を見つけ出したりすることができます」

このようにホームページでは謳われており、そのデータ取得の登録者は数十万人に及びます。


最近は、助手席のヘッドレストの裏にモニターが取り付けられたタクシーが目につきますが、後ろの席に座ると目の前の画面に目が止まります。

そのモニターには広告が流れるのですが、モニターにカメラが付いていて、乗客の性別や年齢を判断します。そして、その人にふさわしい広告が流れるようになっているのです。これもAdTechの一例です。

すべての人に同じ広告を流すことより、ターゲットが絞られて配信されるため、広告効果が高くなるので広告費を高く設定できます。ただし、自分のことを勝手に判断されることに抵抗のある乗客は、拒否することもできます。

このように最新のテクノロジーを活用した広告が増えていく一方で、旧来型の広告は厳しい状況に直面しています。例えば、新聞に入れられる折込広告です。

若い層を中心に新聞を購読する人がどんどん減っていることもあり、折込広告の効果はかなり低下したと言われています。折込広告は新聞を配達する販売店の重要な収入源です。したがって、折込広告が減ると新聞の宅配というシステムにも影響を及ぼすことになります。

AdTech は企業の採用でも活用されています。

例えば、新卒者で金融業界を希望している人は商社やコンサルティング業界も希望していることがよくあります。そこで、銀行のホームページに商社などが広告を出すのです。

あるいは、ある銀行のホームページに競合する銀行が広告を出すこともあります。これらもすべて、データの蓄積により可能になってきています。

採用に関しては、求職者にホームページに来てもらうことが第一になるので、この部分では AdTech の技術が重要になります。

スマホなどでネットに馴染んでいる世代向けの広告は、SNSなどを活用した広告ターゲットのセグメントが可能になり、どんどん進化しています。その一方で、新聞に折り込まれるスーパーなどの折込広告は、時代の変化との乖離が生じているのです。

●広告の価値は「どれだけ効果のある広告を出すか」に変わった

新聞広告やテレビＣＭは、あらかじめ広告料金が決まっています。テレビＣＭであれば、ゴールデンタイムの広告料金は高く、深夜の時間帯は安くなっています。新聞であれば、広告スペースが大きくなれば高くなります。つまり、広告効果に関係なく料金が決まっているのです。

一方、ネット広告は広告効果に応じて料金が変わります。アクセス数に応じて広告料金が高くなっていきます。

広告は「どれだけ広告を打つか」から「どれだけ効果のある広告を出すか」に変わったのです。その結果、広告効果を上げるアイデアを持つスタートアップ企業が続々と生まれつつあります。

記者発表会やＰＲイベント、展示会や新商品情報などを無料で動画化し、配信するサービスとして「NewsTV」があります。

従来、そうした新商品やイベントなどの告知は、紙を使ったニュースリリースが中心でした。今ではニュースリリースの内容をネットで配信するサービスも多くあります。

NewsTVは、それを動画という形で配信しています。しかも、制作費は無料です。企業が製作費を負担する必要はありません。

NewsTVは広告効果に応じて成功報酬を受け取るビジネスモデルになっていますが、制作費が無料ということは、それだけ広告効果に自信があることなのです。

CareTech——
介護士の不足問題を解決する切り札になるか

●介護士の見まわり負担を軽減する

日本は超高齢化社会に突入し、介護現場での人手不足が大きな社会問題になっています。そこで介護士の負担を、CareTechのテクノロジーで解消しようという流れが生まれています。

介護士の負担軽減に大いに役立つのは、センサーなどを活用した入居者のモニタリングによって入居者の行動を予測することです。これは介護士の仕事で大きな負担となっているのが、入居者の見まわりであることに起因しています。

この見まわり負担の軽減には、さまざまなテクノロジーが用いられています。

例えば、介護施設の入居者にDFree（ディーフリー）社のウェアラブルデバイスを着用してもらえば、入居者がどのタイミングでトイレに行くのかが、かなりの高精度でわかるようになり、排泄タイミングの予測が行えます。排泄にまつわる作業は介護士への負担が重くなっています。そのため排泄の予測ができるだけでも、かなりの負担軽減につながると期待されています。

また、認知症の人は用がないときにもナースコールを押したりします。こうしたデバイスを使えば、用があるのかないのかの判別にも使えます。本当に必要なときだけ駆けつけることが可能になります。

●介護施設向けの「見守りシステム」

ただし、ウェアラブルデバイスの着用は高齢者への負担が大きくなるケースもあるため、非接触型で身体に直接触れないセンサーなどによるモニタリング技術も注目を集めています。

その取り組み例としてはベッドの下に敷くセンサーがあり、体動（体の動き）などもチェックすることができます。

山形大学の先生が、ベッドに敷いて呼吸や脈拍などを計測し、体動を感知する介護施設向けの「見守りシステム」をスタートアップ企業、介護システム事業者と共同開発しています。

センサーは超薄型のフィルムで、介護施設用の見守り用として開発されました。樹脂フィルムの表面に電子回路を印刷することで0・5ミリに抑えることができ、利用者への負担もなくなっています。

しかも極めて好感度で、睡眠の深さも検知することができます。入居者の離床だけでなく、どのタイミングで起きるかの予測も可能で、介護士の見まわり負担の軽減への寄与が期待されています。

LogiTech——荷主はモノがどこにあるのかを気にしなくてもよくなる!?

●ＡＩが需要の変化を読み取り、倉庫内の配置を換える

ロジスティクス（Logistics）とテクノロジーの融合であるLogiTechでは、原材料の調達から生産・販売にいたるまでの物流やそれらを管理する過程を、テクノロジーの活用で行います。

物流の分野も人出不足の問題に直面しています。そこで自動化がかなり進んでいます。例えば、トラスコという会社の物流センターは「日本最大の工具箱」を目指して、無数のロボットがスムーズに動きまわっています。その様子は「ロジスティクス・ワンダーランド」とも称されています。

ＡＩやロボティクス（ロボット学）を駆使して、物流倉庫での出荷の効率化を実現しています。ただし、全自動にするのでなく、自動化する部分と人が担当する部分を効率

的に分担していることが特徴になっています。

従来は倉庫内の商品管理では、よく出る商品を手前に置き、あまり出ない商品は奥に置いたりしました。

しかし、需要は常に変化します。以前のような固定された棚だと需要の変化になかなか対応しにくかったのですが、今では商品が置いてある棚自体を自動的に動かすことが可能になっています。

ＡＩが需要の変化を読み取り、需要の変化に応じて棚の配置を変えることで、効率的な出荷が可能になっているのです。

Amazonの物流倉庫などでも、最新のロボットが活躍しています。

Amazonの倉庫では、出荷する商品が置いてある棚に向かって人が動くのではなく、商品のある棚自体が人のいる場所に移動してきます。しかも、その棚がどこにあるのが一番効率的なのかをＡＩが判断しています。

つまり、人が動く時代から棚が人のほうに動いてくる時代に変わったのです。

しかも、棚が動くのに時間がかかるようでは意味がないので、ＡＩが棚の動きが最小になるように最近の商品の受注動向を解析し、棚を最適の場所に配置しているのです。

eコマースの拡大により Amazon の売上は伸びている一方で、人手不足の問題もあります。Amazon としては、膨大な数にのぼる取り扱い商品を効率よくピッキングし、箱に詰めて配送する必要があります。

そのため自動化できる部分は自動化し、人が行う必要がある作業も可能な限り効率化できるように最新のテクノロジーをどんどん活用しています。

ユニクロも、すべての倉庫を5年以内に完全自動化する方針を発表しています。アパレルの商品は柔らかくてつかみにくい上に、似ている商品が多いため、ピッキング作業を自動化することは難しいと言われてきました。しかし、ユニクロはロボット系スタートアップ企業と組んで、倉庫の全工程での自動化につなげたのです。

日本や韓国でも、製品を全自動で製造する工場が増えています。

日本では、もともと工場では早くからテクノロジーが導入されてきました。それもあって「日本は製造現場の自動化に強い」と世界から評価されてきたのです。

中国では、アリババに対抗する京東《ジンドン》集団が自動仕分けをするロボットなどの最先端技術を導入した物流倉庫を稼働しています。

そうした倉庫で活躍するロボットにもＡＩやデータが活用されて、ロボットも学習していきます。このように物流拠点や工場は効率化や自動化が進んでいるのです。

●物流をめぐる多方面での変化が始まっている

配送に関しては今後、ドローンも活用されていくでしょう。すでに実験段階に入っています。そして、車の自動運転も進んでいます。

また配達に関しては、最終段階は全自動でゆっくり動く小さな自動車のようなものの導入が検討されています。その特徴は、スピードがゆっくりなため危なくないことです。何よりも安全性が重視されています。

宅配に関しては、不在時の再配達などが大きな問題になっています。宅配ボックスや取り置きが利用されていますが、問題の解決については、宅配業者の提供するサービスを受け取る側がどのように受け止めるかにかかっています。

近年、物流センターでは自動搬送ロボットなどの先進機器を用いたり、バース（積卸しを行うスペース）の管理を行うことで、「どこに、何が、いくつあるのか」という物流情報の管理精度が高まり、ロジスティクスがより効率的に組み立てられています。

将来的には、「荷物」という物理的なものを保有する荷主企業は、それがどこに置いてあるかを気にしなくてもよくなるクラウド化や、さらなる物流の効率化が実現されることも想定されています。

具体的には、大和ハウスのグループ会社のダイワロジテックがシェアリングロジスティクスのサービスを始めています。今まで個別の荷主企業では投資することが難しかったロボティクスへの投資を倉庫の保有者が行い、ユーザーに従量課金することで導入を促進しています。

LNEWS 記事
https://lnews.jp/2018/04/k041808.html

新たなロジスティクス・ビジネスモデルの構築

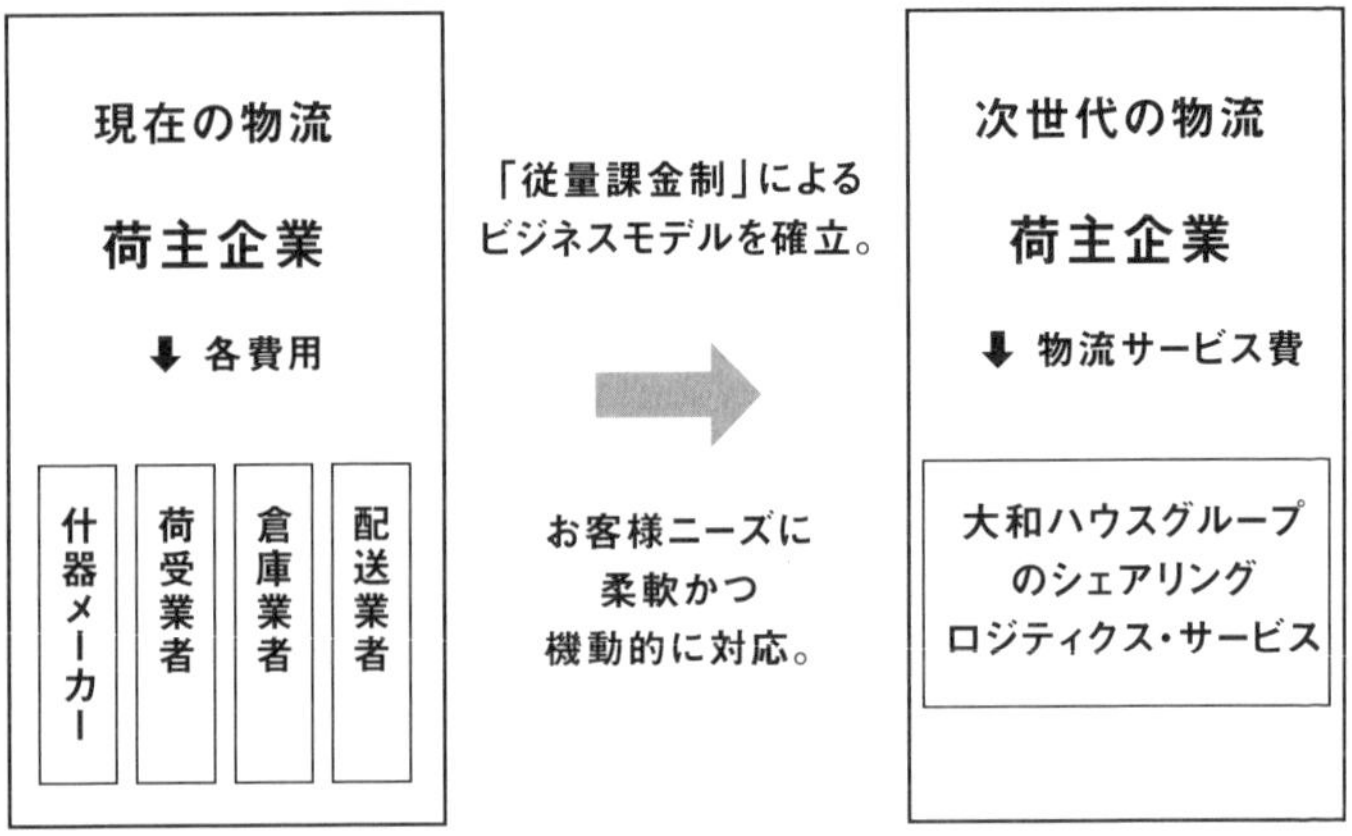

HRTech——人事課題の解決で巨大ビジネスに成長する可能性・大

●若手を抜擢して、できる人間を組織の中心に据えていく

HRTechとは簡単に言うと、第5章で紹介するSporTechで開発されたテクノロジーを人事の領域に活用することです。日本では、このHRTechの導入も欧米の企業と比べて遅れています。

日本には終身雇用で年功序列という従来の仕組みが、まだ企業内には残っています。そこにテコ入れをしようとする〝変革の意識〟に乏しいのが現状なのです。

日本では長年、質の高い金太郎飴を作る人材マネジメントが行われてきました。ところが近年は、金太郎飴で儲けることのできるビジネス、例えば大量生産の技術がどんどん日本からアジアへ流出してしまいました。

今後のビジネス展開を考えると、もはや〝金太郎飴〟では企業の存続を図ることができない状況に直面しています。そこで現在はプロ社員、ハイ・パフォーマーを育てることが言われています。

2019年の正月、トヨタ自動車の豊田章男CEOは年頭挨拶で「プロを目指してほしい、プロを育てる」と号令をかけました。トヨタは金太郎飴からの脱却を図っているのです。日本において自動車産業は、量産型ビジネスの象徴的存在です。その自動車業界においてトップのトヨタが変わるということは、日本全体が変わることを意味しています。

プロを育てるとは、スポーツの世界と同じように「できる人をどんどん伸ばす」と言い換えることもできます。

つまり、年功序列の廃止です。若手を抜擢して、できる人間をどんどん組織の中心に据えていかないと、トヨタであろうと、もはや競争に勝つことはできないのです。

● HRTechが会社を変える3段階

HRTechには、いくつかの段階があります。

最初の段階は、給与計算など現在は手作業で行っている業務をテクノロジーの活用により効率化することです。例えば大企業であれば、総務・人事・経理を担当する子会社をグループ内に持っていたりします。現在、各社はHRTechを導入して、それらの子会社の効率化とリストラに取り組んでいます。

そうした業務は、今やクラウドのサービスでかなり代替可能なのです。

例えば、従業員の年末調整なども自動計算が可能です。あるいは、入社した社員の社会保険関係の書類もクラウドで会社への提出ができます。これがHRTechの第1段階となります。

これまで総務・人事・経理の仕事の多くはそうした事務作業だったため、今後は旧来型の作業をする間接部門が不要になってきます。

それでは、そうした部署は何を行うのでしょうか。

最近は、戦略型人事「HRBP（ヒューマンリソース・ビジネスパートナー）」になることが提唱されています。

つまり、経営者や組織のラインのマネジャーが人材マネジメントするのをサポートする存在になるのです。従業員一人ひとりのパフォーマンスを上げるための仕組みづくりが人事の業務になります。

これがHRTechの第2段階で、現在、ここに対する意識が多くの会社で高まっています。

実は、こられはすでにスポーツの世界で取り入れられていることと同じです。スポーツ選手の良い点を伸ばすときと同じように、テクノロジーを活用して従業員個々人のスキルやモチベーションなどをデータ化し、一人ひとりのパフォーマンスを伸ばすためのツールが続々と登場しています。


さらに次の段階としては、これらのデータが蓄積されてくると、どのようにすれば個人のパフォーマンスが高まり、チームや組織のパフォーマンスを向上させられるのかを分析できるようになります。その結果、マネジメントの方法がある程度定型化されてきます。

この段階に達すると、AIを活用することで一人ひとりへのレコメンデーションも可能になります。最近は従業員のストレスや睡眠データを取る企業もあります。まさにスポーツの世界と同じです。

極論すれば、総務・経理・人事の仕事はHRTechによってすべて自動化が可能です。

将来、会社から総務部・経理部・人事部はなくなっていくかもしれません。

組織のマネジャーの手元には、従業員の人事的なデータがすべてあり、AIがレコメンドもしてくれるようになります。

今までは人事的な情報が必要なとき、マネジャーは人事部門に「この人はどのような人材であるのか」を聞いて、アドバイスをもらう必要がありました。

それがすべて手元で見られるようになります。したがって、間接部門としての総務・経理・人事は必要なくなります。そうした部門が担っていた業務は、費用は必要になりますが、クラウドベンダーが提供するツールを使えば自動でできるようになります。

企業の間接部門は、テクノロジーによってどんどん代替されるようになります。これが「会社が変わる」ということの1つの意味なのです。

●採用の面接を動画で行う時代に

HRTechには採用の分野も含まれます。採用には、マーケティングに関するテクノロジーが多く使われています。

現在、特に新卒者の採用は売り手市場で、人材争奪戦の状態にあります。

応募者をどのように自社に引きつけるかに関してはAdTechなどを使って自社のホームページに誘導しています。また、どのような人材を求めているかの定義を行い、AdTechを使ってそうした人材に向けて情報を発信し、自社に引きつけようとしています。

求職者を引きつけた後は、リクルーティングのプロセスに移ります。この段階では従来とは異なり、面接で動画が活用されるようになりました。

地方の学生が東京の会社への就職を希望する場合、交通費を使って東京まで来る必要がありましたが、もはや直接会って面接をするのではなく、動画で面接をする時代に変わってきています。

東京近郊に住んでいる学生でも、直接会うのではなく、動画で済ませる企業が増えています。

その理由は、エントリーシートやペーパーテストの結果が自社にふさわしいと思われる学生でも、いざ直接会ってみると自社に適さないケースも多く、お互いにとって時間と費用のロスになっているからです。面接での動画の活用は、そうしたロスの削減につながります。

動画による面接は、Skypeなどでネット回線を通じてリアルタイムで面接をすることもありますし、学生が自分でスマホに録画した映像をクラウドにアップしてもらい、採用を検討することもあります。

「自己アピールをしてください」と、テーマが決まっていることもあります。そして、動画の分析にはＡＩを活用し、人による判断だけではなくＡＩによる判断も採用の合否に使用する取り組みも米国を中心に始まっています。

このように採用にかかる手間暇が合理化されたことで、企業は内定を出した学生への説得に社員を導入しています。

ある企業から内定を受ける学生は、他の企業からも内定をもらうことが多くあります。そのため内定辞退が大きな問題になっているのです。この問題への対処はＡＩで解決することはできず、あくまでも人による学生との接触が重要になります。

新入社員が入社したあとは、会社とのカルチャーフィットをＡＩが診断します。その結果を受けて配属部門の参考にしたり、あるいは社内での指導的役割を担うメンターを誰にするかの決定にテクノロジーを活用することもできます。

このように採用領域は、かなりの部分をテクノロジーが代替、支援できるようになっています。

●テクノロジーでできることを人にやらせていませんか？

従来は新卒者の就職に関して、地方に住んでいる応募者はそれだけでは大きなハンディキャップとなりました。学生が希望するような企業の多くは東京や大阪などの大都市にあり、面接ではそこまで出向いていかなければならず、交通費や宿泊費など学生の負担が大きかったからです。

地方の大学はよほどの特色がないと、学生が集まりにくい傾向がありました。しかし、企業が動画による面接を取り入れたことで、もはや地方に住んでいることが採用に関してデメリットになる心配はなくなりました。

また、学生にとっては応募している会社の面接時間が重なってしまい、どちらかの会社を選ばざるを得ないこともありました。しかし、動画のアップロードで面接が行われればこうした事態もなくなり、学生にもメリットとなります。

そしてこれからは、出身大学や学歴が通用しない時代に変わりつつあります。

これまでは大学名を採用のハードルにする傾向が少なからずありました。現在では自社で活躍できる人材、自社が求める人材を明確に定義しておくことで、ＡＩを活用して適切な人材を採用することが可能になっています。エントリーシートの段階からＡＩによる判断も取り入れられますし、動画による面接も同様です。

従来はすべてを人の手で行っていたため、応募者が多いと膨大な手間がかかりました。そのため、応募者を少なくして会社の負担を減らすには、大学名というハードルが必要だったのです。しかし、ＡＩによる自動化で企業側のそうした負担は不要になりました。

逆に重要なのは、自社に必要な人材を明確にすることです。この点がはっきりしていないとＡＩの活用は不可能です。そして、その明確化の際にも在籍している従業員の人事データを活用することができます。

さらに言えば、必要な人材の明確化は経営戦略に関わってきます。どのようなビジネスを行うかによって、求める人材も変わってくるはずです。

「このようなビジネスをするので、こうした人材が欲しい」

これを決めることが、経営者に求められる仕事になります。この部分は、ＡＩで行うことはできません。経営の方針となる戦略は人が決めるしかありません。そこに企業のリソースをすべて注力すべきなのです。

筆者は、講演会などではいつも企業の人に「テクノロジーでできることを、人にやらせていませんか?」と問いかけています。そして、「人はもっと付加価値が高い業務に時間を使うべきです」という話をしています。

「AIが人の仕事を奪う」と言われますが、実際には、人が行うべきことはなくなりません。テクノロジーが人に代わってできることが増えていくために、人が行うべき仕事内容が変わっていくだけなのです。

つまり、人はテクノロジーを活用する側にまわる必要があるということです。テクノロジーの進化に対してそれをどのように活用するか、という視点を持つことを忘れてはいけません。

採用で動画が活用されるようになったことに象徴されるように、時間と場所のハンディキャップがテクノロジーの進歩により解消されるようになりました。時間と場所の概念がなくなったのです。

また、人材という言葉は海外では「タレント」と表現されます。

この言葉を使うと、よりスポーツの世界に近づいていきます。タレントをどれだけ抱えているかによって企業の業績が決まると言われたりします。

● X-Techとスキルシフトの問題

現在、日本では仕事がないと訴える人が多くいます。その一方で、人手不足により存続が脅かされている会社もあります。このギャップは、どこから生まれるのでしょうか。

それは仕事を選びすぎているからだと思います。コンビニなどでは外国人が多く働いていますので、〝仕事そのものがない〟わけではありません。

問題はスキルシフトにあります。現実問題として、X-Techにより今までのスキルを生かすことができなくなる事態が起こっています。そこで、次の時代にも生かすことのできるスキルを身につけなければいけません。ここにギャップが生まれています。

スキルシフトの難しさには、これまで自分がやってきたスキルを生かしたいという思い込みも原因になっています。若い人であれば、新しいスキルを学ぶ意欲がありますが、残念ながら年配の人にはそうした前向きな姿勢は乏しくなってきます。

50代で「仕事がない」と訴える人がいますが、必ずしも仕事がないわけではありません。そうした人たちが身につけてきたスキルを生かせる仕事が少ないだけなのです。従来のスキルと現在求められるスキルがマッチしないのです。しかも、「そんな仕事をやりたくない、やれない」という思い込みが強いのです。

今、ラスベガスではカクテルも機械が作って提供しています。掃除も掃除ロボットがすべて代替しています。したがって、単純作業の労働者は不要です。その結果、それに抗議するデモが行われたりしています。

日本では、まだそこまで社会問題になっていませんが、この波はいずれ日本にやってくるかもしれません。

第5章
X-Techで「人間」が変わる

健康で長生き、潜在能力の開発……
すべての人が変わっていく

超高齢化社会に突入した日本では、単に長生きをするのではなく、心身ともに健康な「健康寿命」を伸ばすことが重要な社会課題になっています。

健康寿命とは「起床、衣類着脱、食事、入浴などの普段の生活における動作が一人でき、外出、仕事、家事、学業、運動などに制限がない期間」を指します（厚生労働省「健康手帳」より）。

つまり、介護や人の助けを必要とせず、いくつになっても元気に生活できることが求められているのです。

高齢化社会の課題解決を目指すAgingTech、予防医学で医療費削減を目指すHealth-TechなどのX-Techは、健康寿命を伸ばすことにも大きな役割を果たします。

また、テクノロジーの進歩でバイタル（生体）データを取るデバイスが小型化されて低コストでのデータ収集が可能になり、脳波や睡眠時のデータが蓄積されています。

それにより「脳の見える化」に取り組むBrainTechや、睡眠時のデータから生活改善の提言を行うSleepTechも、健康寿命を伸ばすことに貢献します。

バイタルデータの蓄積は、人間の潜在能力の開発にも活用できます。その最前線を行くのがSporTechです。サッカーなど世界中で人気の高いスポーツはビジネス規模も大きく、巨額の資金投入が可能なので、最先端のテクノロジーが導入されています。

そしてさまざまなX-Techを融合させ、人間の潜在能力の開発をさらに進めるTransTechが、世界中で盛り上がりつつあります。健康で長生き、そして潜在能力の開発……X-Techは若者からシニア層まで、すべての人間を変えていこうとしています。

AgingTech――「健康で長生き」を実現するテクノロジーが次々に生まれている

●要介護者になる前段階の人たちにも焦点をあてる

AgingTechは超高齢化社会へのアプローチの1つで、高齢化社会（Aging Society）の課題を解決するテクノロジーのことです。AgingTechの特徴は、高齢者が直面する社会課題の解決にフォーカスしていることで、その対象領域はとても広くなっています。

AgingTechのカテゴリーは大きく3つに分けることができます。「介護・医療」「コミュニティ」「生活の質向上」です。

「介護・医療」のカテゴリーには、遠隔医療や認知症の予防、後述するSleepTechも含まれます。「コミュニティ」のカテゴリーには、SNSや就労支援などが含まれ、「生活の質向上」のカテゴリーにはスマートホームや詐欺対策、自動運転も含まれます。

AgingTechの海外の事例としては、高齢者にVRで外出体験を提供するサービス、高齢者の振り込め詐欺を防ぐサービス、アルツハイマーを発症前に検知するアプリを提供するサービス、ヘルパーと高齢者をつなぐアプリを提供するサービス、高齢者向け住宅を検索できるサービスなどがあります。

日本でも、東京電力のグループ会社が電力事業以外の領域拡大を目指して、介護の領域に着目しています。それも、要介護者がターゲットではなく、要介護者になる前段階の人たち向けのサービスを検討しています。

具体的には「見守り・セキュリティ」「イエナカ」「ホームコンテンツ」「コミュニケーション」「ヘルスケア」「ホームオートメーション」の6つの領域に注目し、新サービスの開発に取り組んでいます。

BrainTech──「脳の見える化」で、脳をコントロールすることを目指す

●BrainTechの可能性に各国が注目している

ブレイン（脳科学）の研究は、日進月歩の勢いで進んでいます。

BrainTechは「脳の見える化」をテクノロジーによって実現しようという取り組みです。脳波やCT、MRIなどから得られたデータをもとに、脳科学の知見を生かして脳の状態の分析が行われています。

BrainTechでは、緊張状態の場面で意識的に脳に働きかけることで集中力を高めるなど、脳を意識的にコントロールすることが可能になると言われています。

このBrainTechの可能性には各国が注目しています。

アメリカでは、2013年のオバマ政権下で「Brain Initiative」という、かつての「ア

ポロ計画」や「ヒトゲノム計画」に匹敵する巨大な脳研究プロジェクトがスタートしました。ＥＵ（欧州連合）では「Human Brain Project（脳のモデル化）」を２０１３年にフラッグシップ・プログラムとして採択しています。

日本でもＮＴＴデータが、２０１６年から消費者の行動や心理を脳科学で分析するツールの提供を行っています。このサービスは、テレビＣＭなどの動画広告を見ている人の脳の活動を「機能的磁気共鳴画像法（ｆＭＲＩ）」という手法を使って計測し、脳の活動のパターーンから視聴者の知覚内容を解読します。

●人は脳で「３本目の腕」を動かすことができる

BrainTechでは、脳の新しい部分の研究開発も行われています。

タレントのマツコ・デラックスの忠実なアンドロイドを目指し、最新鋭の技術を応用した「マツコロイド」の製作を監修した石黒浩先生らが、プロローグで紹介したIm-PACTプログラムで、人が両腕を使いつつ並行して脳でロボットアームを操作する「３本目の腕」を世界で初めて開発しました。

これは、ブレインマシン・インターフェース（ＢＭＩ）を介して脳でロボットアーム（３

本目の腕）を操作する実験で、高い成功率で操作が可能であることが実証されたのです。

人間の脳は2本の腕を動かすように作られています。つまり、2本の腕を動かすように脳は発達していくのです。しかし、3本目の腕をつけ加えると、これも動かせるように脳が機能することがわかりました。

これは脳に新しい刺激を与えることで、人間の能力にはまだまだ開発の余地があることを示唆しています。人間の新たな能力の開発、人間拡張につながるのではと期待が高まっています。

BrainTechで脳にいろいろな刺激を与えることによって脳が開発され、新しい能力が生まれてくることもわかってきました。また、普段の生活の中で脳がどのように反応しているかの研究も進んでいます。

ゲームメーカーやディズニーなどのエンターテインメント産業も、その研究には熱心に取り組んでいます。例えば、ディズニーなどはパレードの演出で脳がどのように反応するのか、リピーターを増やすための研究を進めています。ゲームメーカーはどのようなゲームを作れば、人々がよりゲームに熱中するかを脳の働きから研究しています。

以前から脳科学の研究は行われていましたが、研究に必要とされる機器は極めて高価でした。そのため一部の人しか、その機器を使うことができませんでした。

しかし、脳科学の研究による成果が持つ付加価値に注目が集まることで、研究資金が投入されるようになり、研究に拍車がかかっています。

BrainTechに注目が集まっている背景には、ビッグデータの処理方法があります。スマホや腕時計などを介して得られるデータは「ノイズ」のあるデータとなります。ノイズとは、データの解析に不必要な情報です。

ただし、そうしたノイズのあるデータもコンピューター技術の発展により、時系列的にデータを取ることで、どのようなノイズが入るのかがわかってきているため、ノイズの補正が可能です。

その結果、NeuroTech（神経科学）の分野にも関係してきますが、スマホや腕時計（スマートウォッチ）などから自律神経の正確なデータを取ることが可能になってきました。つまり、誰でもデータを測ることが可能になったのです。これもビッグデータ解析の恩恵といえます。

また脳科学に関しては、後述するSporTechでも最新の研究成果が取り入れられています。

HealthTech――「予防科学」が進んでいる日本にもビジネスチャンスあり

●増大する社会保障費の削減を目指す

日本では高齢者が増加していることもあり、社会保障給付費が毎年、増え続けています。その一方で、それをまかなう財源となる給料は増えていないため、増大する社会保障費に財政が耐えられなくなることが大きな問題となっています。

また、日本人のライフスタイルは多様性が増し、それに対応するためには個々人に適した社会保障を行う必要に迫られています。

病気に関する捉え方も変わってきています。これまでは病気を発症した外的要因を突きとめ、それを直接治療する手法が一般的でした。しかし現在では、病気になる要因は1つではなく、複雑な因子がからみ合って病気になるため、直接治療の薬のみでは治りづらい病気がほとんどだという認識になっています。

その最たる例が生活習慣病です。生活習慣病の治療費は医療費の約3分の1を占めるほどになっているのです。

これらの課題の解決に貢献するのがHealthTechです。

生活習慣病など、予防可能なものはできる限りテクノロジーの活用で予防していくことが、医療費の削減につながります。例えば、禁煙アプリを医者が処方したり、依存症など病気の前段階の兆候を未然に防ぐ取り組みに対して保険が下りるような流れが生まれてきています。

●より大きな視野からHealthTechを考える

AutoTechと並んで、HealthTechを日本の成長戦略の二本柱として推進していこうという動きもあります。ただ、HealthTechにおいて、治療に関してはアメリカのほうが進んでいるといえます。

しかし、予防に関しては日本でも研究が進んでいます。特に、食と運動で病気を防ぐ研究では日本のほうが先を行っています。日本食は健康的な食事として世界的に有名になっていますし、以前から国全体で、例えば「歩け歩け運動」などが推奨されています。

日本では、ヘルスケア（健康の維持や増進を図る健康管理）も成長戦略の1つになっています。鉄道会社も沿線に住宅を分譲するにあたり、住民のヘルスケアに配慮して健康診断や運動を推奨するビジネス展開を進めています。単に住宅を分譲するのではなく、健康長寿という付加価値をつけることで自社の沿線の魅力をアップさせる動きです。

例えば、ウォーキングのイベントを行う際には健康食品の会社などとタイアップして商品を提供してもらい、イベントを盛り上げています。またウォーキング中、身体にセンサーをつけもらい、さまざまなデータを集めて健康長寿につながる研究に活用します。

このように街づくりも含めた、より大きな視野からHealthTechを考える流れも生まれています。これにはCivicTechやInfraTechも関連してきます。

SleepTech——睡眠の質の改善だけでなく、生活習慣の改善提案も行う

●「世界一の睡眠不足大国」日本での可能性

1日に8時間寝るとすると、人は人生の3分の1は睡眠に充てていることになります。それくらい睡眠は大きな問題です。しかも寝ない人はいないので、市場としても大きな可能性を秘めています。実際、睡眠というテーマは世界的にも注目を集めています。

さらに、日本は世界一の「睡眠不足大国」とも言われており、現在、睡眠に関する課題をテクノロジーで解決するSleepTechへの関心が高まっています。

SleepTechは、睡眠の状態を知ることから始まります。

睡眠の状態は、脳波を測定することによって一番正確なデータを取得できます。それ以外に、呼吸や音声や体動（体の動き）などでも、睡眠の状態はかなり高い精度でわかります。

現在は、ただ単に睡眠状態を知るだけではなく、どうしたらより深く眠ることができ

るかを探っている段階にあります。

例えば、睡眠に入るときにどのような心地良い音楽を流せば深い眠りに誘導できるのか、といったことです。そうした睡眠に関するプラスαを提供するサービスが次々に登場しています。

日本企業が提供しているサービスとしては、働き方改革の一環として従業員の睡眠状態のデータを取り、従業員の健康状態を分析するものもあります。「この社員は睡眠不足の傾向がある」「○曜日には夜更かしする傾向があるので要注意」などのアドバイスをしたりします。

また、睡眠状態だけでなく食事のデータなどとも連動させて、より広範囲な健康へのアドバイスを提供するサービスもあります。

日本においても健康経営の推進などのあと押しを受け、従業員の健康管理に関して多くの企業が注目し始めています。生産性向上の観点からも、睡眠の質の改善は特に重要と考えられているのです。

SporTech――バイタルデータの蓄積で、最高のパフォーマンスが可能に

●クラウドの活用で、データのリアルタイム分析が可能に

SporTechはX-Techの中でも進化のスピードが速い分野の1つです。プロスポーツは勝利することで投資した資金のリターンが見込めるため、潤沢なお金をかけることが可能だからです。

2011年に『マネーボール』というアメリカ映画が公開されましたが、その頃から注目が高まりました。

映画では、メジャーリーグの弱小球団のゼネラルマネジャーがデータ分析に長けた人物と出会い、相手チームの選手の特徴や戦略をデータで分析して「マネーボール理論」を作り上げます。その結果、経営危機に瀕した球団を再建するというストーリーです。

また、2012年のロンドン・オリンピックでは日本の女子バレーボール・チームが28年ぶりの銅メダルに輝きましたが、印象的だったのは試合中、真鍋監督が常にタブレッ

トを手にしていたことです。

監督は、タブレットに表示される選手のリアルタイムのデータを見ながら指示を出していたのです。各コーチがノートパソコンを持ち、戦術別にリアルタイムのデータを監督のタブレットに送り、それに基づいて監督が選手に指示を出していました。これは、当時の最新の通信技術であるクラウドを活用していました。

以前、スポーツではビデオ映像の分析が主流でしたが、クラウドの活用によりデータのリアルタイム分析が可能になったのです。

世界的に見ると、動くお金に比例して、SporTechへの資金が最も投入されて最先端を行っているのはサッカーでしょう。アメリカではアメリカン・フットボールになります。

すでにあらゆるスポーツでSporTechは導入されていて、サッカーでは複数台のカメラで選手の動きを追うことで選手の走行距離やスピード、ボールとの接触回数などを計測することが可能となっています。

ただし、カメラで選手の動きを追うことには限界があります。そこでサッカーやラグビーでは試合中、身体やシューズにセンサーをつけて選手のデータを取っています。

センサーなどのデバイスを取り付けていれば、心拍数など細かいバイタルデータを取ることができます。さらには選手一人ひとりにGPSデバイスを装着することで、チーム状態のより高度な分析が可能になります。

●ラグビー日本代表の勝利もSporTechのたまものだった！

2015年にラグビーのワールドカップで優勝候補の南アフリカに勝利した日本代表チームでは、株式会社ユーフォリアの「ONE TAP SPORTS」というSporTechサービスによって、選手の体重・体温・脈拍・血液中の酸素飽和度などのバイタルデータを常にチェックし、選手のコンディションに関する膨大なデータを蓄積していきました。

他にもトレーニングデータや食事データなどをインプットすることで、パフォーマンス向上やケガ予防につなげました。

このように選手の体調のデータを蓄積することで、選手個人やチーム全体のコンディションの傾向や変化を目に見える形で確かめられるようになりました。そうしたSporTechの成果が南アフリカ戦での勝利につながったのです。

そしてこのときの成果が、2019年に日本で開催されたワールドカップでも生かされ、予選プールで4戦全勝を果たしました。

（株）ユーフォリアのONE TAP SPORTS　https://eu-phoria.jp/service

SporTechに強い企業に、ヨーロッパの大手ソフトウェア会社SAPがあります。SAPはサッカー元日本代表の本田圭佑選手と組んで、データを活用して彼の持っているチームでケガをしない練習方法などを実践しています。

もともと本田選手にはケガをしない実績があり、海外チームへの移籍も可能になりました。そうした自分の原体験もあったのですが、以前はまだそれが感覚的なものでした。それが今ではすべてデータを取り、選手がケガをしない練習方法をSAPと組んで開発しているのです。

SporTechには、すでに紹介したHealthTechやBrainTech、SleepTechなど、さまざまなX-Techが複合され、応用されています。

そして、複合される際には自社のテクノロジーだけで開発を進めるのではなく、自社が持たないテクノロジーを持つ企業と協力し合うことで、より大きなビジネスチャンスの獲得も可能になります。X-Techにはそうした従来の発想とは異なる、広い視点も求められるのです。

●スポーツには「昔の常識が今では非常識」が多くある

スポーツに関しては、昔の常識が今では非常識なことが多くあります。これはテクノロジーの活用によってバイタルデータがたくさん取れるようになり、正しい理論が見えるようになってきたからです。

現在、いろいろなスポーツで選手の寿命が延びています。これもデータの活用で理論的なトレーニングが取り入れられるようになった成果だと考えられます。

野球であれば、ピッチャーは完投しないことが当たり前になりつつあり、1試合で投げる投球数が制限される傾向にあります。人の身体に与える負荷が理論化されて、無理な負荷をかけないようにする流れになっているのです。

テレビ番組での10種競技の選手の発言ですが、普段、10種競技のそれぞれの競技の練習はほとんどしないそうです。何をやっているかというと、体幹を鍛えることばかりをしているのです。

こうしたことも実際、理にかなっているのです。もはや昔のように根性論で勝てる時代ではありません。理論的に正しいトレーニング方法が求められる時代です。

中学生を集めた硬式野球チームの監督から聞いた話です。監督自身は根性野球で育ったのですが、現在では理論的に選手を指導する方向に転換しています（まだ試行錯誤の段階、と本人は言っていますが）。

例えば、ベースからリードを取るときには足をどちらに向けるのがいいのかなどを、データを取りながら仮説・検証し、正しい理論の確立を目指しています。

その監督は、中学生には試合に勝つことを求めるのではなく、高校生になったときに活躍できるよう、基礎を徹底的に練習させています。そのため、中学の大会ではベスト4くらいまでは行けてもなかなか優勝はできないそうです。それでも入部希望者があとを絶たない人気チームになっています。

その理由は、このチームで3年間練習をすると高校に入ってから活躍できる、という評判が高まっているためです。この監督は「選手のピークをどこに持っていくか」という方針を明確に持っています。中学ではなく、高校に入ってからピークになるように基礎練習を徹底しているのです。

また、硬式のボールを使った野球の練習は土日だけにして、平日はいろいろな筋肉を鍛えるため、陸上競技の練習などをすることも勧めたりしています。

SporTechへの関心の高まりとともに、勘や経験に基づいた旧来の指導法ではなく、データや理論に裏打ちされたトレーニング方法がスポーツ界の主流になりつつあります。

ビジネス面からスポーツを考えると、選手がケガをしないことは非常に大きなメリットがあります。

チームはトップクラスの選手に年間、何十億円というお金を投資しています。その選手が1年間を通してケガをせずにプレイすることができるかどうかは、チームの成績に大きな影響を及ぼすからです。

そして、ケガによって選手寿命を奪われるリスクが下がるのは、選手にとっても選手寿命が伸び、とてもありがたいことなのは言うまでもありません。

余談ですが、SporTechの進化を見ていると、そうしたスポーツ界の潮流から最も遅れているのは大相撲の世界かもしれないと思えてきます。別に揶揄をしているのではなく、逆に言えば、大相撲にはSporTechによるビジネスチャンスが眠っている可能性がある、ということです。

TransTech――人間の潜在能力のフル活用を目指す

●マズローが唱えた「自己超越欲求」

「マズローの欲求5段階説」というものがあります。

ご存じない方のために改めて説明します。第1段階が「生理的欲求」、第2段階が「安全欲求」、第3段階が「社会的欲求（帰属欲求）」、第4段階が「承認欲求（尊重欲求）」、第5段階が「自己実現欲求」です。

また、マズローは亡くなる前に、自己実現欲求の上には最終段階となる6番目の「自己超越欲求」があると語ったとも、言われています。自己超越欲求とは、自己を実現するだけではなく、自己を超えていく、限界を突破していく欲求のことです。

人は日々成長していき、自分の限界を超えたり、成長していくことに最高の喜びを感じると言われています。

例えば、マラソン大会に出て自分の限界を突破すると、とても気持ち良くなります。この状態をトランスフォーマティブ（Transformative）と呼び、「変革」や「人間を変える」という意味になります。

TransTechとは「Transformative × Technology」の造語で、人の能力の拡張につながるテクノロジーを開発していくことです。この「人間が変わること」をテーマとするテクノロジーが現在、世界中で盛り上がっています。

アメリカでは「Transformative Technology Conference」が２０１５年から開催されていて、世界中で研究が進められています。日本でも経済産業省の研究機関の産業技術研究所に、人間拡張工学の研究センターが設置されています。

●TransTechは潜在能力を開発して、心理的な幸福も目指す

TransTechは特有のテクノロジーがあるのではなく、いろいろなテクノロジーを活用する点に特徴があります。

例えば、もともとは障がい者の障がいを取り除くためのテクノロジーからスタートして、それを健常者にも応用する研究開発もあります。乙武洋匡さんが義足をつけて立つトレーニングをしている様子をネットで見たことがあるかもしれませんが、これもその一環といえます。

TransTech は人間の内部、すなわちマインドや精神的な能力を向上し、潜在能力をフル活用することを目指すのですが、同時に心理的な幸福も目指しています。

具体的なテクノロジーとしては、バイオテクノロジー、脳科学や神経科学のテクノロジー、ロボット、他にはＶＲのテクノロジーなどが活用されています。

プロローグでも紹介したように、２０１９年の夏の甲子園で優勝した履正社は選手の遺伝子検査を行っています。それによって筋肉の状態やメンタルの強さなどがわかります。その結果をもとに、個々の選手のどこを鍛えると成長できるのかを理論的に割り出し、チームとして強くなっていったといわれています。

これも、バイオテクノロジーを活用した TransTech の一例です。

アメリカでは、瞑想をテクノロジーによって体系化する動きもあります。瞑想というと以前は宗教的なニュアンスが強かったのですが、現在ではビッグデータによりエビデンス（証拠）が取れてきています。

瞑想と同じような意味で、マインドフルネスという言葉が使われることもあります。マインドフルネスには、過去でも未来でもなく、現在に集中する状態という意味があります。瞑想も、呼吸を含めて今の状態に集中することなので、ほぼ同じと考えていいでしょう。

ただ日本人の感覚としては、瞑想というと宗教的なニュアンスが強く、マインドフルネスというとビジネス用語的なニュアンスが強いと捉えられるかもしれません。

欧米人は日本人に比べて文系的な学問を体系化することが得意なので、瞑想をアメリカ人が体系化したものがマインドフルネスと捉えることもできます。

●障がい者の社会進出にも貢献する

現在、法律により一定の規模以上の会社は障がい者を雇うことが義務づけられています。ただ、雇用したものの、障がい者には簡単な仕事しか与えなかったりするケースもあります。

ところが、IBMでは「障がいとなっている部分をテクノロジーによって補うことは可能」と考え、障がい者だからという理由ではなく、その人の能力自体を認めて雇用をしています。

例えば、目に障がいのある人であれば、その部分を補うテクノロジーを提供することでハンディキャップはなくせます。耳の聞こえない人に提供できるテクノロジーもあります。

障がい者には、障がいのある部分以外は能力の高い人が多くいます。障がいがハンディキャップでなくなれば、その能力の高い部分を生かして、健常者よりも仕事ができる人は多いのです。

このようにテクノロジーは、障がいのある人の社会進出にも大いに役立ちます。そして、社会全体のボトムアップにも貢献するのです。

人間のマイナスの部分をテクノロジーで補い、プラスの部分を伸ばして生活していきます。障がい者雇用として捉えるのではなく、あくまでも戦力として雇用しているのです。これもTransTechの事例です。

●音声データからAIが感情を読み解く

TransTechをめぐってはバイオテクノロジーや脳科学、神経科学などいろいろな領域で研究が盛り上がっています。電磁波や音波、超音波などと生体の状態の関係性の研究も進んでいます。

MRIだと計測が少し大変ですが、脳波を測る機器が小型化され、最近は簡単に脳波を取ることができます。例えば、脳トレ用の機器や脳計測用の研究機器を販売する会社「NeU」のヘッドマウント・ディスプレイを使って、脳波の意味を捉えたり、脳が何を考えているのかを文字にしたりする研究を進めている方もおられます。慶應義塾大学理工学部の満倉靖恵教授です。

画像、音声、動画、脳波からさまざまなデータを取ることも可能になっています。そして「音声からストレスがわかる」とも言われています。これらはテクノロジー自体ももちろん進化しているのですが、研究機材のコストが下がったことも大きな要因になっています。コストが下がり、誰でも使えるようになってきました。

営業の現場で音声データを録音し、それをAIが分析して「あなたはこのようにトークをすると、もっと営業成績が上がります」とアドバイスをするサービスを提供している会社もあります。あるいは、部下との会話を録音して「このように話をしたほうが部下とのコミュニケーションを図れます」というアドバイスも行います。

実はこれは、発言内容を分析してアドバイスをしているのではなく、感情を読み取っています。「どうすれば話を聞いた人が良い気分になれるか」を、ＡＩが分析しているのです。

話の内容の上手い下手ではなく、「場の空気」を作ることに重点が置かれています。何をしゃべるかではなく、どのような空気を作るかが重要。それが、音声のデータを分析すると見えてくるのです。

●さまざまなX-TechがTransTechに集約される

１４８ページで紹介したBrainTechの「3本目の腕」は、BrainTechの分野だけでなく、人間の能力の拡張という意味でTransTechにも関わっています。また、ここにはRoboTechのテクノロジーも活用されています。

このように、複数のX-Techを融合させたテクノロジーが次々に生まれていることも

X-Techの特徴です。

X-Tech自体が、既存の産業に最新のテクノロジーを掛け合わせた「○○×Tech」という造語ですが、「X-Tech×X-Tech」という、より新しいX-Techもどんどん生まれています。

それぞれのX-Techも新ビジネスの可能性を秘めていますが、それらが掛け合わされることによって、さらに可能性は広がります。ビジネス的には無限の可能性が広がっていくことを意味しているのです。

TransTechは特有のテクノロジーがあるのではなく、いろいろなテクノロジーを活用する点に特徴があると述べましたが、TransTechはさまざまなX-Techが複合化されていると見ることもできます。

第5章の「人が変わる」というテーマはSporTech、HealthTech、SleepTechなどによって開発されたテクノロジーがTransTechに集約されて、人間の潜在能力をどんどん開発する方向に進んで行きます。しかも、その対象は若い人に限らず、ミドル層やシニア層にも広がっているのです。

●TransTechで一番の注目株はバイオテクノロジーである

科学の分野は大きく「フィジカルサイエンス」と「ライフサイエンス」に分けられます。「フィジカルサイエンス＝生きていないものの研究」で、「ライフサイエンス＝生きているものの研究」です。

そして、TransTechの中でも一番注目を集めているのはライフサイエンスであり、特に注目を集めているのが「バイオテクノロジー」です。

シリコンバレーやＭＩＴ（マサチューセッツ工科大学）では、ずいぶん前から研究の中心テーマをＩＴから「バイオ」の領域にシフトしつつあります。ＭＩＴは脳科学の研究所をいくつも持っていますし、ビル・ゲイツやAmazonのジェフ・ベゾスもバイオに関心を持っています。

バイオとは、研究対象が「生き物」で、その中心は人間や人間科学になります。まさに、先述したライフサイエンスのカテゴリーです。

ＡＩやビッグデータの活用により、その研究手法が確立されてきました。

これまでは人間を研究するためにいろいろなデータを集めても、その分析にはスーパーコンピューターを必要としました。

例えば薬の研究では、治験者を集めて厳密な比較対象実験を行い、プラセボ効果（有効成分が入っていない薬を飲んでも、薬を飲んだ安心感で心理的作用が働き、効果を表すこと）との差が統計学的に有意に存在する点を証明することを通じて、「これだけ効きました」と数学的に示しているに過ぎませんでした。

それが現在ではコンピューターの性能が上がり、簡単にデータ分析ができるようになりました。データを集める研究手法しかなかったライフサイエンスでしたが、ビッグデータが身近になったことで、その研究が容易になったのです。

恐らく、この先の未来を考えたときに、ライフサイエンスの研究・発展は加速していくことが予想されます。

第6章
世界はリアルタイム化が進む産業革命の真っただ中にある

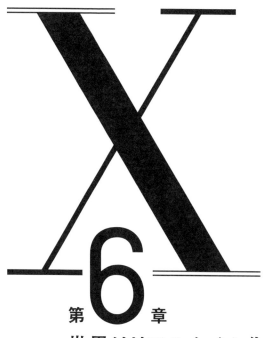

X-Tech は
どんな未来を作るのか？

X-Tech は、どんな未来を作っていくのでしょうか。それは現在、解決したいと思っている問題や課題を明確にすることで見えてきます。

例えば、ロジスティックス（物流）の問題があります。

物流の分野では配送する車のことがよく話題になりますが、倉庫内の問題もあります。中国の巨大倉庫の中には、ほとんどの作業が RoboTech の活用により自動化されているところもあります。ユニクロも、すべての倉庫を完全自動化する方針を発表しています。

このように社会課題として明確に見えているものがあれば、それを解決する方法として X-Tech を活用すれば、新しいビジネスが組み立てられるかもしれません。

「コンビニの人手不足を解決するにはどうしたらいいか?」。これを X-Tech をベースにして解決方法を考えることもできます。その際には1つの X-Tech にとらわれず、X-Tech を掛け合わせることによって、新しい X-Tech が生まれることを忘れてはいけません。

そして、実際にビジネス化を検討する場合、「自社にはリソースやノウハウがないから」とあきらめる必要はありません。他社との連携により実現は可能です。そして、そのためにX-Techをプロデュースする会社も存在するのです。

X-Techに携わるすべての人に必要なコンセンサス

すでに何度も述べたようにX-Tech同士が掛け合わされることで、その価値はより高まっていきます。

例えば、HRTechとInsurTechを掛け合わせる動きがあります。HRTechを活用した人事のデータと保険商品を融合して、その人に最も適したカスタマイズされた保険商品を提案できるようにするのです。

またHRTechは、MarTechやAdTech、BrainTechやNeuroTechとも組み合わされています。

例えば、人を採用するケースを考えてみましょう。

人を応募する企業と職を探している人がいます。このとき、企業サイドには「自社が求めている人材をいかにして引きつけるか」というマーケティング的な手法が求められます。現在はネットで求職情報を検索する人が多いので、そこにはAdTechも使われます。ちなみに、欧米では先ほどのタレントという言葉を用いて「Talent Management」「Talent Acquisition」などのソリューションが数多く製品化されています。

また、就職活動を行う学生は、スマホでいろいろな企業のホームページを見ると予想できます。すると企業は、スマホのGPS情報を持つ企業と契約することによって、そのスマホのデータから、持ち主の行動をある程度把握することが可能になるのです。

例えば、GPS機能の解析により普段の行動の中心場所から在籍する大学を推測することができ、自社のサイトをよく見る大学別の傾向が見えてきます。あるいは、銀行のホームページをよく見る学生は商社のホームページもよく見る、というような傾向もわかってくるかもしれません。

このようなデータが蓄積されていくと、自社に応募してくる学生の傾向を正確に把握することが可能になり、そうした学生がよく見るサイトに広告を出すことで、低コストで効率良く自社が必要とする人材を集めることができます。

一方、スマホを通してＧＰＳのデータを蓄積している企業は、さまざまな分野の企業と組むことで、いろいろなビジネス分野への進出が可能になります。

これが、データの世界では先行企業が極めて有利にビジネスを展開できると言われる理由なのです。

ここで重要になるのが、データを扱う企業に求められる倫理観です。

ＡＩに限らず、テクノロジーの活用では倫理観がとても大切なのです。それは、原爆を開発したときに科学者に求められた倫理観を考えれば、理解できるでしょう。

実際、倫理観のない企業を排除する仕組みを作る動きも生まれています。これはＡＩだからではなく、過去のテクノロジーの進化の過程から重要だと判断されているからです。

「ビックデータを扱う際には、極めて強い倫理観が求められる」

これはX-Techに携わるすべての関係者が肝に銘じておくべきコンセンサスなのです。

そのための認証制度を作る動きもあります。個人情報の取り扱いに関するプライバシーマークのように「この企業はデータを従業員の幸せのために活用しています」ということを認証する制度を作れないか、検討するのです。

こうした認証制度があれば、データを管理する企業としても、安心してデータを提供できます。トラブル防止のため、認証された会社としか取引を行わないことも可能になり、ビジネスの健全な発展を期待できるでしょう。

データサイエンスとデータサイエンティスト

X-Techの登場の背景には、ビジネスにデータサイエンスが活用されるようになったことがあります。

データサイエンスとは、データを分析する科学です。統計学の一種ともいえますし、ロジックを組み合わせたプログラミングも含まれます。機械が自動的にデータにアクセスすることでパフォーマンスを向上させるディープラーニング（深層学習）なども研究する学問です。

日本でも注目が高まっていて、２０１７年には滋賀大学に日本で初めてデータサイエンス学部が設置されました。その後、18年に横浜市立大学、19年に武蔵大学にも設置されています。他にも多くの大学にデータサイエンスの学科や学部を作る計画があり、データサイエンスを学ぶことのできる大学や専門学校が増えています。

データサイエンスの活用によって第四次産業革命が起こっているわけですが、今までデータサイエンスは一部の限られた人しか利用することができませんでした。

しかし、ビッグデータの活用とともに、誰でもデータサイエンスを使えるようになったのです。そのことをまだほとんどの人が理解していません。

データの解析には、データサイエンティストが不可欠な存在となります。

データサイエンティストとは、大量のデータを解析するエンジニアで、データを利用するためのロジックを作り、プログラミングを行い、アルゴリズムを作ったりもします。

数学が強い国は、データサイエンティストの人材も豊富です。インドや中国、イスラエルなどはＡＩ系のテクノロジーが進んでいます。日本にはそれを得意とするエンジニアが少ない現状から、政府があと押しをしてデータサイエンスを勉強する場に予算がつくようになりました。

アルゴリズムとは、アプリを動かしたりするロジックや言語体系をコンピューターに入れていくことで、プログラミングと似た意味です。アルゴリズムをコンピューターに組み込むことでアプリが動くようになります。

アルゴリズムとはロジック、つまり論理なので、人間の発想次第でいかようにも作ることができます。「○○をしたら□□になる、△△をして◇◇になる」ということを自由に設計することができます。

自然科学であれば、理論を理解できればその中身も理解することができるようになります。ところが、アルゴリズムのように人間が勝手に作った論理や理屈はその部分をブラックボックスにしてしまうと、外からは何がどうなっているのかまったくわかりません。

インプットとアウトプットを見ても、どのようなロジックでデータ処理が行われているのか分析することはできないのです。

論理的思考を養うプログラミング教育

現在では、そのロジックを作り出すツールも提供されています。プログラミングの知識がない人でもプログラミングができるアプリを、身近な会社ではAppleも提供しています。

現在、子どもにプログラミング教育を行うことが人気になっており、スマホやパソコンで学べるプログラミングの学習サービスも数多くあります。このトレンドもデータサイエンス、データサイエンティストに注目が集まっていることに関連しています。

プログラミングでは、論理的思考をベースにして「機械が何を行うか」というロジックを設計していきます。その論理的思考を養うトレーニングが、プログラミング教育なのです。

プログラミング教育というと、COBOLやC言語のようなプログラミング言語を覚える必要があって、とても大変なイメージがあるかもしれません。しかし、それはひと時代前の考え方です。現在のプログラミングの学習は違います。

DataRobotというスタートアップ企業が、プログラミングをしなくてもＡＩを作れるツールを出しています。Appleはプログラミング言語を知らなくてもプログラムが作れるアプリを提供して、iPadでもそれを使うことができます。

現在のプログラミング教育はプログラミング言語を覚えるのではなく、柔軟なアイデアを出すことが求められています。曲を作ったり（作曲）、小説を書いたりすることにも似ています。

大切なのはロジックを組み合わせて新たな価値を生み出すことで、これにはクリエイティブな才能が求められます。

ロジックに落とし込んでしまえば、そこから先は機械が自動的に行ってくれますが、どのようなロジックでプログラムを構成するのか、そこにクリエイティビティが求められます。プログラミング教育を通して子どものクリエイティビティを養うのが、現在の流れなのです。

プログラミング教育は、論理的思考と新しいアイデアを生む創造力を鍛えることが目的です。創造してもロジカルに展開しないと実現できません。

現在求められているプログラミング教育は、人とは違ったユニークな発想をし、それを論理的に（ロジカルに）表現する力を鍛えることです。どんどん進化していくテクノロジーを活用できる人材を育てていくことがプログラミング教育の目的です。

例えば車の自動運転では、自動運転を行う際に想定されるさまざまな状況を考えることにあたります。想定される状況を多面的に考える力、想像する力、そしてそれをロジックに落とし込む力が求められます。

このプログラミングの勉強をサポートするサービスもEdTechになります。

もはやプログラムはAppleの無料アプリを使って、誰でも作れる時代になったのです。子どもでも簡単に作ることができます。時代はどんどん変化しています。

その変化に対応していかないと、ビジネスを成長させることはできません。しかも、その変化のスピードが極めて速いのです。

モノづくりには設備投資が必要になります。しかし、データの分析は世界中のどこでも24時間行えます。そのため進化のスピードはものすごく速いのです。

私見になりますが、小中高の教育現場では本来、最も進んだ学問を教え、最新の教え方で教える必要があるのに、日本では未だに古い学問を教えているような気がしてなりません。大学も教育内容が遅れているのが現状です。文部科学省の教育指導要領もなかなか変わりません。

日本人の国際競争力という視点など、もう少し大局的な見地から教育内容を見直す必要があるでしょう。

アメリカでは小学校の段階から最先端のテクノロジーが取り入れられています。このままでは日本は国際競争力の面で、世界の国々からどんどん取り残されていくのではないかと、危惧しています。

理科系人間・文科系人間の区分けは弊害しかない

日本では、以前から製造現場には X-Tech 的な技術がかなり導入されていました。しかし、サービス業の分野ではなかなかそうしたものが現れませんでした。今後は、製造現場で培われた強みを他の分野にも広げていくことが求められます。

製造現場の強みが他の分野になかなか広がらない理由として、自分たちの技術を特殊なものと捉え、「社内の他部署や他の業界では使うことのできないものだ」と勘違いしている面が感じられます。

例えば、筆者が行う HRTech がテーマの講演には、人事の関係者が多く集まります。正直言って、人事の担当者はテクノロジーにはあまり強くない人が多いためか、

HRTechと聞くと自分からすごく遠く離れた世界の話のように感じてしまわれる方が多い印象を受けます。

「人事にＡＩを使う」と言われても、全然ピンとこない様子なのです。「ＡＩのことはまったくわかりません」と、初めから及び腰になってしまいます。

ところが、そうした人たちに「御社でもＡＩを使ってデータを分析するビジネスをやっていませんか」と尋ねると、「確かにそうですね」と納得する人も多くいます。

つまり、間接部門の人にその発想がないだけなのです。

こうしたアドバイスにピンと来た会社では、ＡＩのエンジニアを人事部門に異動してHRTechに取り組み始めて成功する例もあります。

ただし、そうした例はまだ少ないのが現状で、このような発想ができる間接部門の担当者が多くいるとは思えません。一方、製造現場の人も間接部門からＡＩのエンジニアが欲しいと言われても、異動にはあまり積極的ではありません。

日本には、異分野をつなげる発想が欠けているのではないでしょうか。

これからは異分野をつなげるプロデューサー的な人材が求められます。X-Techの活用でも、重要なのはプロデューサー的な能力です。

大学の現状も同じです。一人ひとりの教授が自分の専門領域を深掘りはしていますが、もっとそれぞれの領域をつなげればいいのにと思うことがよくあります。みんな専門的になりすぎていて、日本ではゼネラリストがあまり育たないのです。

幅広い知識を有し、しかも2つの専門分野を持つ人材を「π《パイ》型人材」と呼びますが、1つの分野だけを深掘りするのではなく、最低でも2つの分野を深掘りすれば、それを横につなげることができます。それが可能になると、プロデューサー的な役割を果たせるのではないでしょうか。

学生であれば、理科系で専門分野を1つ学び、さらに文科系でも何か専門分野を持つのです。文科系と理科系の双方を横につないで見ることができる。

こうした人材が、これからの日本には求められます。

欧米では、すでにそのようになっていますが、日本でも現在、理科系と文科系の区別をやめようという議論が始まっています。

そもそも理科系・文科系という区別は日本にしかないとも聞きます。諸外国では融合領域を学ぶようになっています。理科系の人が社会科学を学ぶことは大いに意味があるでしょう。

日本の場合は大学受験に際し、科目の得意・不得意によって「自分は理系だから」「自分は文系だから」という区分けが行われ、受験する学部が変わってきます。そして、大学卒業後もそのまま理科系の職業と文科系の職業というイメージがつきまとってしまうのです。

理科系人間・文科系人間の区分けは、もはや弊害でしかないのかもしれません。

自分は理系人間なので、ずっと製造現場で働き、職人的な仕事をしてキャリアをまっとうする。あるいは、人事の人はずっと人事畑で働いているので現場のことはまったくわからない。こうした現状は、国際競争力の面からも変えていく必要があるでしょう。

将来の目的も「理科系で○○を勉強したい、文科系で□□を勉強したい」ではなく、「SDGsの課題のうち、これを解決したいので、この分野とこの分野の勉強をしたい」というような目標を持つ人間を育てていくべきです。

X-Techのキーワードは「リアルタイム・エコノミー」

X-Techをめぐるこれからの社会を考えるときに、キーワードになるのが「リアルタイム・エコノミー」です。

現在、アメリカで最も業績が伸びている企業の1つにServiceNow（サービス・ナウ）があります。設立は2004年で、2012年にニューヨーク証券市場に上場し、株価総額は400億ドルを超えています。この会社は「Now Platform」という、まさにリアルタイムのサービスを提供しています。

会社が従業員に対して行うさまざまな事務作業や手続きをサービスと捉えて、クライアントの企業に提供しています。

例えば、新入社員が入ったときに必要な各種の手続きなどをリアルタイムで行えるツールを提供しています。その急成長ぶりから、世界で最も注目されている企業の1つです。

この会社は、まさにリアルタイム化を体現するサービスを提供しています。顧客向けや従業員向けのサービスの他にも、ICTサービスの統合なども行っています。

Now Platformというように、すべてのことをリアルタイムで行っています。「ナウ＝リアルタイム」と捉えると、その意味するところが理解しやすいでしょう。

例えば、以前は従業員が紙に手作業で記載していたような事務作業は、今ではすべてスマホに入力することで簡単に行うことができます。日本法人も設立されて、多くの大企業がこの会社のサービスを導入しています。

日本では、新しく人が入社としたときに社会保険や税金関係など、さまざまな書類の提出が必要になります。また、日々の業務として交通費などの経費精算もあります。

こうした事務作業も、Now Platformではすべてスマホなどで入力し、クラウドを経由して行うサービスを提供しています。

第4章のHRTechで紹介したように、この会社のサービスを活用することで、総務や経理が担当していた業務はかなりの部分をアウトソーシングできます。しかも、従業員の負担も大幅に減ります。

従来、日本の企業では部署ごとにいろいろなシステムがバラバラに運営される傾向がありました。ServiceNowはそれらをすべて統合できるツールを提供しています。そのため、従業員は1つの画面からすべてのシステムにアクセスができるようになっています。

事務作業の効率化が図られることで、従業員には時間的な余裕が生まれ、生産性は向上します。労働時間の中で、単純作業に費やす時間を大幅に減らすことが可能なのです。もはや交通費の精算を紙に書いて提出しているような会社は「時代遅れ」と言われても仕方がないでしょう。

自動化で、よりクリエイティブな仕事に集中できる

リアルタイム・エコノミーは、もともと金融業界から生まれた言葉で、ATMはその初期の段階を象徴しています。

自分が口座を持っている支店とは離れた場所のATMで預金を下ろしても、すぐその場でデータが送られ、自分の口座からその額が引かれます。これが一番わかりやすいリアルタイム・エコノミーの例でしょう。

それがFinTechの活用により、どんどん進化しているのです。高速道路のＥＴＣもリアルタイム化の一例です。

まだ金融業界には国境という〝壁〟がありますが、世界のどこかの国でお金を振り込むと、一瞬にしてどの国であろうと相手の口座に振り込むことができます。現在はまだ国を跨いでの振り込みには数日が必要であったりしますが、これも将来はすべてリアルタイム化されるでしょう。

リアルタイム化はこうした金融の世界から、現在では会社の事務作業の分野にまで広がっているのです。

日本でも働く場所に注目が集まっていますが、働く場所を英語にすると「ワークプレイス」と捉えることができます。ServiceNowもワークプレイスにおけるリアルタイム化ができます。

例えば、サテライトオフィスや自宅勤務など会社から離れた場所で働いていても、そのサービスを受けることができます。ワークプレイスのリアルタイム化が進むと、働き方も変わっていきます。

また現在、コールセンターでもＡＩの導入が進んでいます。

今では顧客からの電話の問い合わせに人が答えるのではなくＡＩを使って機械が答えるコールセンターが増えています。そのため、最新のテクノロジーを活用しているコールセンターはレスポンスが速いのですが、ＡＩの学習能力が劣っているためレスポンスが遅いコールセンターもあります。

コールセンターは、以前は東京など大都市圏にあると人件費が高いので、沖縄など人件費が比較的安い地方に移転する動きがありました。その次は、日本より人件費が安いアジア諸国に移転する流れになりました。

そして、テクノロジーの進歩により自動化が図られて人が不要になったのです。

こうした自動化によって、人間はよりクリエイティブな仕事に集中できることになります。

「Amazon Go」から見る
小売り現場のリアルタイム化

小売りの現場にも、自動化が取り入れられています。

例えば、「Amazon がすでにアメリカで運営している無人コンビニ「Amazon Go」です。これもリアルタイム化の一例です。２０１６年12月に Amazon の従業員向けに開店し、そこで判明した問題点などを解決して、２０１８年1月に店舗をオープンしました。

店舗に入るには Amazon のアカウントが必要で、さらにスマホに Amazon Go のアプリをダウンロードする必要があります。スマホの画面にアプリのＱＲコードを表示して、入口のゲートで読み取らせることで入店できます。

Amazon Go にはレジがありません。お客が商品を手に取った瞬間、カメラやセンサーから商品データが送られます。そして、店を出た瞬間に電子マネーで決済され、スマホに購入履歴が届きます。それで自分の買った商品の内容が確認できます。

ある商品を手に取って、あとで戻しても、その行動は正しく認識されています。例えば、チョコレートを5枚手に取り、3枚を返しても、ちゃんと2枚を買ったことが判断できるようになっています。その正確さは想像以上で、機械を騙すことは不可能と言えます。

当然、すべてのお客のデータがビッグデータとして蓄積されていきます。年齢・性別・時間別で、どんな人がどんな商品を買っていくのかが分析されて、より効率的な陳列方法や商品開発に活用されていきます。

ビジネスとして黒字化しているのかはわかりませんが、Amazon Goは単なる「無人コンビニ」を目指しているのではなく、お客の行動や購買履歴のデータを蓄積し、その分析により小売店舗の将来像を見通すための先行投資とも考えられます。

Amazon Goの翌年、中国でもアリババが無人のコンビニをオープンさせました。さらに、他の企業も無人コンビニに参入して話題を集めました。その後、収益が上がらず撤退した事業者もあります。

製造現場や物流現場は自動化が進んでいますが、小売りの現場にも自動化の波が押し寄せているのです。

空港の出入国もリアルタイム化が進んでいます。日本では、顔認証によるリアルタイムのチェックが取り入れられています。パスポートを置いて顔認証でチェックは終わりです。

現在では、以前のようにパスポートにスタンプを押すこともなくなったので、日本人の待ち時間はほとんどなくなりました。行列ができることはありません。

データを取ることが可能なものは、すべてリアルタイム化が可能なのです。

テクノロジーの進歩と個人情報の保護

テクノロジーが進歩するとさまざまなデータの取得が可能になりますが、その一方で、法律の問題も生じてきます。

データの取得には個人情報の問題が絡んできますが、現在は法律的には曖昧な部分が残されています。日本でも、個人情報保護法を改正しようとする動きがありますが、どのように改正すべきなのかがまだ明確になっていません。

例えば、ベストの解決法として「データは個人に帰属する。個人が許諾を与えることでそのデータを活用できる」という指針が考えられます。

しかし現実問題として、個人の情報をすでにいろいろな企業が持っています。企業はコストをかけて情報を集めているため、この方針には簡単に承諾することができません。その一方で、個人情報も保護されなければいけません。

このあたりの兼ね合いに関して、解決できる目処が立っていないのが現状です。

ヨーロッパでは、Googleや Amazonを締め出すために規制をかける動きもあります。GDPR（General Data Protection Regulation／一般データ保護規則）が、2018年5月25日に施行されました。

これは、EU（欧州連合）が定めた個人情報の保護に関するルールです。個人の名前や住所、クレジットカード情報、メールアドレスやIPアドレス、位置情報、通販サイトでの商品の購入履歴など、インターネット上の情報などを「個人データ」とし、その収集や保管について厳格なルールが定められています。

EUの動きに対して、アメリカの企業にはデータをどんどん活用したい要望があります。

アメリカには個人情報を保護する法律がなく、その代わり各企業がプライバシー・ポリシーなどで個人情報をどのように取り扱うかをすべて公表することが義務づけられています。

そして、その公表したルールに違反すると多額の制裁金が課せられるのです。ただ、個人情報流出問題への反発から、カリフォルニア州議会が個人情報保護の規制法を可決し、2020年1月から施行されます。

アメリカ政府は自国の企業を守るために動き、EUはアメリカ企業に支配されないように対処しています。

日本はEUの規制を参考にしつつもアメリカに依存している部分も多くあるため、少し中途半端な立ち位置にあるのが現状です。そのため、方針がまだ決まっていません。

また、日本はデータを活用するビジネスが欧米諸国に比べて弱い面があるため、産業政策の面からも企業の立場を配慮する傾向があります。

中国はデータに関しては鎖国政策を取り、facebookなどを使うことができません。

つまり、個人情報保護法には「誰を守るのか、どのような思想をもとに定めていくのか」が求められているのです。

日本が遅れている
DX（デジタル・トランスフォーメーション）

X-Techにより社会が変化していく中で「デジタル・トランスフォーメーション（DX：Digital Transformation）」という言葉にも注目が集まっています。

経済産業省が2018年にまとめた「デジタルトランスフォーメーションを推進する

ための ガイドライン（DX推進ガイドライン）」では、DXを次のように定義しています。

「企業がビジネス環境の激しい変化に対応し、データとデジタル技術を活用して、顧客や社会のニーズを基に、製品やサービス、ビジネスモデルを変革するとともに、業務そのものや、組織、プロセス、企業文化・風土を変革し、競争上の優位性を確立すること」

簡単にまとめると、デジタル技術で新しい価値を創造し、企業のあり方をより良い方向に変革することになります。

DXには大きく2つの側面があります。

「自社のビジネスをデジタル化すること」と「働き方、すなわちワークプレイスをデジタル化すること」という2つの面です。

日本が遅れているのは、後者のワークプレイスでのAIなどデジタル技術の活用です。

日本オラクルが、世界10ヶ国で人事部門や総務部門などにおいてどれだけAIが活用されているかを調査したところ、インドでは78%の人がAIを活用していると答えています。中国が77%、UAEが66%で続いています。

ちなみに、日本は10ヶ国で最低の29%でした。人事にデータを活用する発想が、経営陣を含めてほとんどないのです。しかしHRTechに注目が集まるにつれて、現在ではそれが必要という考え方が広がりつつあります。

一方、自社のビジネスのデジタル化に関しては、日本の企業でも進んでいる分野があります。

例えば製造現場に行くと、かなり進んでいます。小売りに関してもAmazon Goのように無人化までは達していませんが、多くの小売店舗でPOSデータの取れるレジを使っています。

物流でも「作って運んで売る」という部分ではデジタル化が進んでいます。それは、デジタルによる効率化が自社の利益に直結しているからでしょう。

海外のワークプレイスでのDX化を見ると、IBMやオラクルでは自社のビジネスとしてICTのツールを販売しています。

その際にはまず、そのツールが実際に役立つものであるかを自社で確かめています。ビジネスの効率化に役立つことを確認し、さらに研究開発を進めたものを顧客に販売します。つまり、効果が検証済みの商品になるので販売もしやすくなります。

日本にはフェイス・トゥ・フェイスのカルチャーが根強くあることも、ワークプレイスでのＤＸ化を妨げる要因になっています。また、日本は国土が狭いので移動が容易という要因もあります。

現在では出張でも、日本全国ほとんどのところに日帰りで行くことができます。アメリカは国土が広大なので、ちょっと会いに行くことは難しい。そのため、直接会うのではなくテクノロジーを使ってコミュニケーションを図らざるを得なく、テレビ会議なども早くから普及しました。

世界的にワークプレイスのＤＸ化は進んでいるのに、日本ではまだかなり遅れています。

データビジネス社会で日本企業が目指すべき道は何か？

モノづくりに携わる製造業では、これまでは後発企業にもビジネスチャンスがありました。先行企業の真似をすることで、ある程度の規模のビジネスが成り立ったのです。

しかし、データを取り扱うビジネス世界では「先発企業が総取り」という傾向が強く見られます。データは蓄積されることによって、どんどん精度がアップしていきます。したがって、データがないところが先行企業に勝つことは不可能です。

データを分析するアルゴリズムによりブラックボックス化すれば、他社はもはや真似することができません。GoogleやAmazonのビジネスがその典型例といえます。

日本企業の現状は、なんとかそうした企業を追いかけている状況にあります。そのため、第1章で紹介したように、政府もデータ駆動型社会を作っていこうと提唱しているのです。

日本はデータ分析の部分では後塵を拝していますが、センサーなどのインプットの部分では多くの技術を有しているので、その部分にも力を入れています。

日本はネットのテクノロジーに関しては負けているかもしれませんが、まだ挽回は可能と思われます。

多種多様なX-Techの展開を見て行くと、企業が進むべき方向は以前と様変わりしてきたと言わざるを得ません。

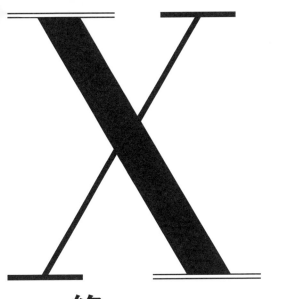

終 章

X-Techをどのように
ビジネスに活用していくのか?

地域イノベーション・エコシステム形成プログラム

日本経済においては相変わらず「失われた何十年」という表現が使われており、厳しい状況が続いています。そうした現状を打破する1つの方法としてX-Techが注目されています。X-Techにより既存のビジネスのコスト削減を図ったり、新たな付加価値を創造できます。

X-Techには、さまざまな業界や社会を変革していく可能性が秘められています。X-Techは、新しいビジネスを創出したり、社会課題の解決を図り、人々がより安全で快適に生活できる社会を築くためにも活用されるべきです。

こうしたX-Techの持つ可能性を踏まえた上で、現実問題として企業は、何にどのように取り組んでいけばいいのでしょうか。

その一例を紹介させていただきます。

第3章のAgriTechと第4章のCareTechで山形大学の取り組みを紹介しましたが、

他にもX-Techによるビジネス創出のヒントとなるプロジェクトがあります。

それは、文部科学省が地域科学振興事業の一環として推進している「地域イノベーション・エコシステム形成プログラム」です。全国各地に眠るテクノロジーを事業化しようという国家プロジェクトで、平成28年度から令和元年度において21の地域のプログラムが採択されています。

その目的は「社会的インパクトが大きく、地域の成長とともに国富の拡大に資する事業化プロジェクトを推進することで、日本型イノベーション・エコシステムの形成と地方創生の実現を目指します」となっています。

新たなビジネスで雇用を創出し、それによりその地域に人が集まり、地方創生につなげることが目的です。「地方から日本を元気にしましょう」という活動が、全国で展開されつつあります。

プロジェクトの核となるのは、大学や研究機関が持っているコア技術です（表の「大学等」欄を参照）。ただし、その技術をビジネス化するには民間企業の技術や経営ノウハウが必要ですし、地方自治体の支援も求められます。さらには、資金面をサポートする金融機関の存在も欠かすことはできません。

採択年度		大学等	自治体	拠点計画のテーマ名	関連Tech
1	平成28年度	一般社団法人つくばグローバル・イノベーション推進機構	茨城県	つくばイノベーション・エコシステムの構築（医療・先進技術シーズを用いた超スマート社会の創成事業）	MedTech SleepTech HealthTech
2		国立大学法人 静岡大学	浜松市	光の尖端都市「浜松」が創成するメディカルフォトニクスの新技術	MedTech
3		国立大学法人 九州大学	福岡県	九州大学の研究成果を技術コアとした有機光デバイスシステムバレーの創成	EnergyTech InfraTech
4		国立大学法人 九州工業大学	北九州市	IoTによるアクティブシニア活躍都市基盤開発事業	AgingTech
5	平成29年度	国立大学法人 東京工業大学	川崎市	IT創薬技術と化学合成技術の融合による革新的な中分子創薬フローの事業化	MedTech
6		国立大学法人 福井大学	福井県	ワンチップ光制御デバイスによる革新的オプト産業の創出	EnergyTech InfraTech
7		国立大学法人 山梨大学	山梨県	水素社会に向けた「やまなし燃料電池バレー」の創成	AutoTech EnergyTech
8		国立大学法人 信州大学	長野県	革新的無機結晶材料技術の産業実装による信州型地域イノベーション・エコシステム	WaterTech MedTech EnergyTech
9		国立大学法人 三重大学	三重県	地域創生を本気で具現化するための応用展開「深紫外LEDで創生される産業連鎖プロジェクト」	AgriTech MedTech
10		国立大学法人 神戸大学	神戸市	バイオ経済を加速する革新技術:ゲノム編集・合成技術の事業化	MedTech
11		国立大学法人 山口大学	山口県	革新的コア医療技術に基づく潜在的アンメット・メディカル・ニーズ市場の開拓および創造	MedTech
12		国立大学法人 香川大学	香川県	かがわイノベーション・希少糖による糖資源開発プロジェクト	AgriTech MedTech
13		国立大学法人 愛媛大学	愛媛県	『えひめ水産イノベーション・エコシステムの構築』～水産養殖王国愛媛発、「スマ」をモデルとした新養殖産業創出と養殖産業の構造改革～	FoodTech
14		国立大学法人 熊本大学	熊本県	有用植物×創薬システムインテグレーション拠点推進事業	MedTech
15	平成30年度	国立大学法人 東北大学	宮城県	ナノ界面技術によるMn系Liフルインターカレーション電池の革新とそれによる近未来ダイバーシティ社会の実現	EnergyTech PowerTech
16		国立大学法人 山形大学	山形県	有機材料システムの「山形」が展開するフレキシブル印刷デバイス事業創成	SleepTech FlexTech HealthTech MedTech
17		神奈川県立産業技術総合研究所	神奈川県	神奈川発「ヘルスケア・ニューフロンティア」先導プロジェクト	MedTech HealthTech
18		国立大学法人 金沢大学	石川県	楽して安全、振動発電を用いた電池フリー無線センサの事業化とその応用展開	EnergyTech InfraTech
19		国立大学法人 名古屋大学	愛知県	あいち次世代自動車イノベーション・エコシステム形成事業～100年に1度の自動車変革期を支える革新的金型加工技術の創出～	AutoTech
20	令和元年度	国立大学法人 北海道大学	北海道	北海道大学のスペクトル計測技術による「革新的リモートセンシング事 業」の創成	AgriTech
21		国立大学法人 岩手大学	岩手県	岩手から世界へ～次世代分子接合技術によるエレクトロニクス実装分野への応用展開～	AutoTech HealthTech

このように大学や研究機関、企業、地方自治体という「産学官」、そこに金融機関を加えた「産学官金」が一体となってプロジェクトを推進していきます。

その事業概要として、以下の項目が掲げられています。

・事業化経験を持つ人材を中心とした、事業プロデュースチームを大学等に創設し、事業プロデューサーのマネジメントのもとプロジェクトを推進。
・出口目標を民間資金等の獲得（マネタイズ）ととらえ、マイルストン・出口目標を設定し、専門機関による市場・特許分析を踏まえた開発・事業化計画を策定してプロジェクトの進捗管理を実施。
・地域の競争力の源泉である技術シーズ等を発掘。
・国の知見、ネットワークも最大限活用し、地方創生に資する成功モデルを創出。

そして、出口目標は「民間資金等の獲得」とされ、具体的には、

①戦略パートナーへの技術転移（事業部等による推進）
②地元中小企業等による商品化（事業化）
③ベンチャー企業創出と成長

とされています。

「テクノロジーの掛け算」を担う事業プロデューサー

事業概要にも登場していますが、産学官金それぞれのつなぎ役となり、「地域」というスタートアップ企業を成長させるマネジメントを担うのが「事業プロデュースチーム」です。

大学や研究機関はコア技術を持っていても、ビジネス化の条件となる量産化には重点を置いていません。そこで、量産に耐える技術にするため、地元などの企業や事業パートナーも巻き込んでプロジェクトを推進していきます。その際は、地元の自治体や金融機関から「こんな企業がありますよ」という紹介も必要です。

そして、その技術を必要とするマーケット（市場）が大学等の所在地とは遠く離れた場所（海外も含む）に存在する可能性も高いので、マーケティング面の調査も不可欠となります。

産官学金との連携

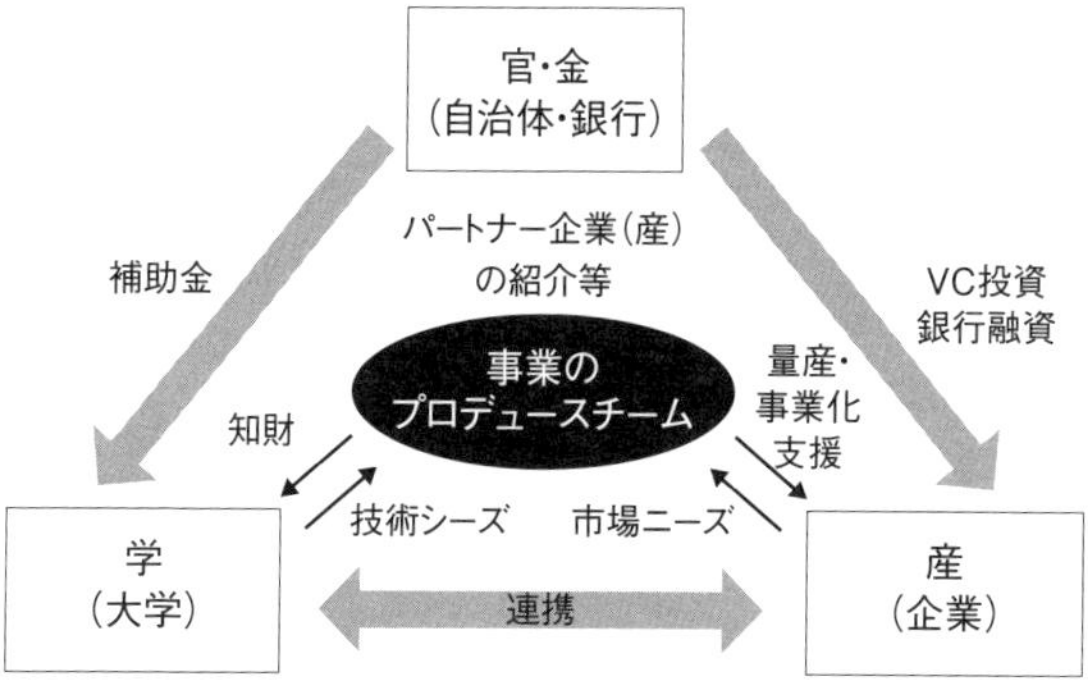

事業プロデュースチームの構成

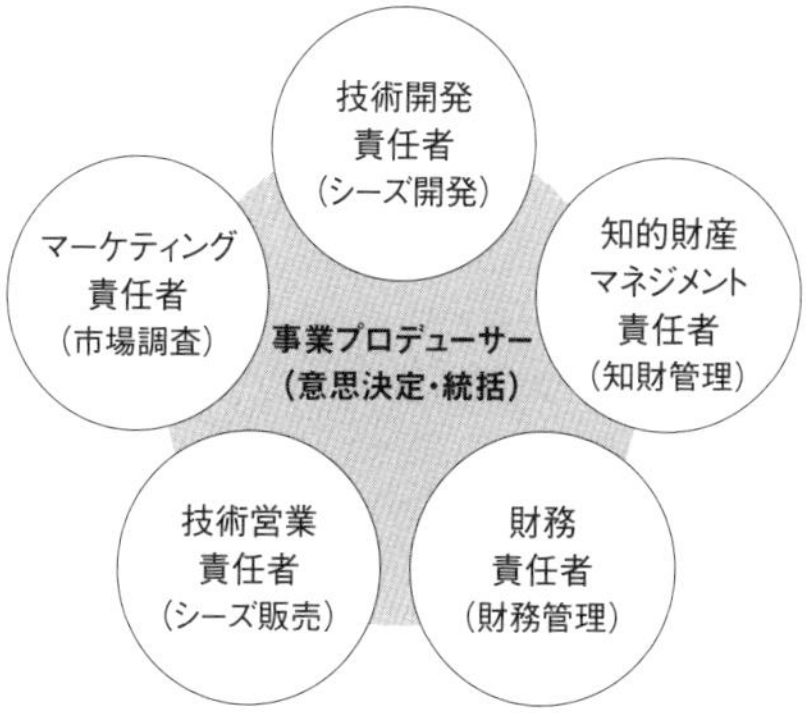

このように地方創生を実現するための地域の技術シーズを発掘し、最適なプロジェクトを形成して事業化を推進するのが、事業プロデューサーチームになります。

この事業プロデューサーチームでは中心となる事業プロデューサーが、プロジェクト全体の意思決定や統括、事業戦略や事業計画および資本政策の策定・実行、開発計画の策定・実行などを行います。産学官金からなる組織を横断的にまとめ、プロジェクト全体を俯瞰的視野からとらえて運営します。

「地域イノベーション・エコシステム形成プログラム」では、筆者も事業プロデュースチームを担っています。

また事業プロデュースチームは、技術開発責任者や知的財産マネジメント責任者、マーケティング責任者、財務責任者、技術営業責任者などの専門家から構成されます。

事業プロデュースチームの役割は、ビジネス化が見込める研究を大学などで見つけ、その量産化に必要な技術を持つ企業を探し、マーケット（市場）調査を行い、経営戦略を立て、量産が可能なビジネスにすることになります。

大学の持つテクノロジーと民間企業の持つテクノロジーの掛け算に加えて、マーケットを見つける必要もあります。

停滞が続く日本経済を元気にするには、こうした活動が日本全国に広がっていくべきだと思います。

X-Techとは、テクノロジーの掛け算です。テクノロジー単体ではなく、プロデューサー的存在がテクノロジーを掛け合わせることで、より価値が高まっていくのです。

大学には、これまで事業化ができなかった独自の技術があります。

一方、企業から見ると、大学が持つ技術というこれまで見出すことのできなかった新たな領域があります。それをマッチングすること、掛け合わせることが新しいビジネスチャンスを生みます。そして、その掛け合わせは、これまで取引のなかった企業の持つテクノロジーの場合も考えられます。

もはや自社の持つリソースだけでビジネスを行う時代は過去のものとなりました。X-Techにより急速な変化が進む時代には、社外のリソースとの連携が不可欠です。

テクノロジーの架け橋役となる事業プロデュースチームや事業プロデューサーのような存在は日本にも増えています。視野を広げることでビジネスチャンスは無限に広がっていくのです。

おわりに

最後までお読みいただき、ありがとうございました。

エピローグでは、企業や大学、自治体といった大きな主体に関して、X-Techの活用により日本が元気になるというマクロなお話をしました。

一方で、ミクロな個人の観点では、X-Techという新たな概念をどのように捉えれば良いのでしょうか？

生活者としては、意識しているかどうかにかかわらず、すでにX-Techにより便利で高度なサービスを享受しています。また、TransTechにより、個人のスキル・能力を開発していくことも今後は非常に重要になっていくかと思います。

ただ、職業人としては今まで「X-Techは自社や自分の携わる業務とは関係ない」

といった態度でいたかもしれません。

しかし、本書でお伝えした通り、X-Techの既存サービスやその概念を用いて、コストを削減する、新たな付加価値を創るといったことは可能です。

さらに、「AIの民主化」という言葉に代表されるように、その活用は実は技術的に難しいものではなく、どこにどう活用すれば〝よりよくなるか？〞〝新しい価値が生まれるのでは？〞といったニーズ・シーズを読み取る力が重要であり、そういった視点は日々生活やお仕事をしている皆さんならいくつもお持ちのはずだと思います。

その生活者や職業人としての気づき、SDGs観点での社会にとって解決の意義のある課題をX-Techを用いて、解決し、事業化することができれば、あなたの所属する会社や業界、地域は今以上に発展していくことができると思います。

そして、最新技術そのものはどんどん安く、使いやすくなっていますし、どのように実現するか、他社をどのように巻き込んでいくか、ビジネスモデルとして仕立てあげるかについては、ビジネスプロデューサーという外部パートナーを用いればいいのです。

これからの時代は、課題やニーズの発見と、それを解決する意思と、そこに貢献できる一部のスキル・力があれば、自分・自社だけですべてを行おうとしないほうがより大きな価値を創出できる時代です。

また、周りの企業や団体もオープン・イノベーションの活動を通じて、その感度を上げています。必要なのは最初の一歩なのです。

本書を通じて、読者の皆さんが新たな一歩を踏み出すきっかけになれば、筆者としては幸甚です。

岩本隆×加賀裕也

岩本 隆（いわもと・たかし）
慶應義塾大学大学院経営管理研究科 特任教授
東京大学工学部金属工学科卒業。カリフォルニア大学ロサンゼルス校工学・応用科学研究科材料学・材料工学専攻 Ph.D.。ノキア・ジャパン（株）などの外資系企業、（株）ドリームインキュベータ（DI）を経て、慶應義塾大学大学院経営管理研究科（KBS）特任教授に就任。外資系グローバル企業での最先端技術の研究開発や、その組織マネジメントの経験を活かし、DI では「技術」「戦略」「政策」の融合による産業プロデュースなど、業界における新領域を開拓。KBS では、「産業プロデュース論」を専門領域として、新産業創出に関わる研究を実施。既存産業・事業を変革、新規創出する X-Tech に着目している。

加賀裕也（かが・ゆうや）
株式会社キューブアンドカンパニー 常務取締役
名古屋大学工学部航空宇宙工学コース卒業、フランス国立ポンゼショセ高等大学 MBA。株式会社リクルート、株式会社ショーケースでスタートアップ関連のインターンシップを経験。ベイン・アンド・カンパニー・ジャパンを経て株式会社キューブアンドカンパニーを創業。現在、大手企業や中堅企業に対して、M&A やスタートアップの連携も用いて、X-Tech の新規事業の立ち上げや、デジタルトランスフォーメーションを支援。また、山形大学の技術シーズを事業化する文部科学省や内閣府のプロジェクトにおいて、ビジネスプロデューサーとして、マーケティング・知財・事業計画策定などを支援。政策レポートや学術論文を岩本特任教授と共同執筆している。

X《エックス》 - Tech《テック》ビジネス大全《たいぜん》

既存《きぞん》企業《きぎょう》×デジタルが最適《さいてき》化《か》社会《しゃかい》を切《き》り拓《ひら》く

2020年4月27日　初版第1刷

著者/岩《いわ》本《もと》隆《たかし》/加《か》賀《が》裕《ゆう》也《や》
発行人/松崎義行
発行/みらいパブリッシング
〒166-0003 東京都杉並区高円寺南4-26-12 福丸ビル6階
TEL 03-5913-8611　FAX 03-5913-8011
http://miraipub.jp　E-mail:info@miraipub.jp
編集/廣田祥吾(Meeting Minutes)
制作協力/荒内慎孝斗(株式会社キューブアンドカンパニー)
渡辺岳典(株式会社キューブアンドカンパニー)
野崎貴臣(株式会社キューブアンドカンパニー)
藤田大輔希(株式会社MOGBI)
ブックデザイン/則武 弥(ペーパーバック)
発売/星雲社(共同出版社・流通責任出版社)
〒112-0005 東京都文京区水道1-3-30
TEL 03-3868-3275　FAX 03-3868-6588
印刷・製本/株式会社上野印刷所

ISBN978-4-434-27373-5 c0030